Prima Vista 1b

Susanna Király

www.lumo.org

© Susanna Király
Kustantaja: BoD - Books on Demand, Helsinki, Suomi
Valmistaja: BoD - Books on Demand, Norderstedt, Saksa
ISBN: 978-952-498-177-4

Sisällysluettelo 1b

F-avain, oktaavialat 01

G-avain, oktaavialat 02

Ylennysmerkki, palautusmerkki 03

Alennusmerkki, palautusmerkki 04

Intervallit 05

Kolmisoinnut 06

Duuriasteikot (tilapäinen merkki) 07

Molliasteikot (tilapäinen merkki) 08

Duuriasteikot (etumerkki) 09

Molliasteikot (etumerkki) 10

Säveltapailun tehtäväsivu nro 1 11
Do-pentakordi. Ta, taa

Teorian tehtäväsivu nro 1 12
1-viivainen oktaaviala. Ta, taa, taaa, taaaa ja tauot

Säveltapailun tehtäväsivu nro 2 13
Heksakordi

Teorian tehtäväsivu nro 2 14
Pieni oktaaviala. G-avain, F-avain. C-, G- ja F-duuriasteikko

Säveltapailun tehtäväsivu nro 3 15
Transponointi duurissa

Teorian tehtäväsivu nro 3 16
2-viivainen oktaaviala. Ti. Intervallit

Säveltapailun tehtäväsivu nro 4 17
C-, G-, F-, D- ja B-duuriasteikko

Teorian tehtäväsivu nro 4 18
Ylennysmerkki. Yhdyskaari. Alkupitkä kuvio

Säveltapailun tehtäväsivu nro 5 19
Transponointi la pentakordissa

Teorian tehtäväsivu nro 5 20
Alennusmerkki. Loppupitkä kuvio. Kolmisoinnut: duuri ja molli.

Säveltapailun tehtäväsivu nro 6 21
Tapailu- ja sanelutehtävät. Do pentatoninen asteikko

Teorian tehtäväsivu nro 6 22
F-avain harjoitukset. Tiritiri, ti-tiri, tiri-ti, tii-ri, synkooppi

Sisällysluettelo 1b

Musiikkisanat, harjoitussivu ... 23

Notaatio: Ylennysmerkit, harjoitussivu ... 24

Notaatio: Alennusmerkit, harjoitussivu ... 25

Intervallit, harjoitussivu ... 26

Kolmisoinnut, harjoitussivu ... 27

Asteikot, harjoitussivu ... 28

1b harjoitus solfatentti, tehtäväsivu ... 29

1b harjoitus teoriatentti, tehtäväsivu ... 30

Säveltapailun vastaussivu nro 1 ... 31

Teorian vastaussivu nro 1 ... 32

Säveltapailun vastaussivu nro 2 ... 33

Teorian vastaussivu nro 2 ... 34

Säveltapailun vastaussivu nro 3 ... 35

Teorian vastaussivu nro 3 ... 36

Säveltapailun vastaussivu nro 4 ... 37

Teorian vastaussivu nro 4 ... 38

Säveltapailun vastaussivu nro 5 ... 39

Teorian vastaussivu nro 5 ... 40

Säveltapailun vastaussivu nro 6 ... 41

Teorian vastaussivu nro 6 ... 42

Musiikkisanat, vastaussivu ... 43

Notaatio: Ylennysmerkit, vastaussivu ... 44

Notaatio: Alennusmerkit, vastaussivu ... 45

Intervallit, vastaussivu ... 46

Kolmisoinnut, vastaussivu ... 47

Asteikot, vastaussivu ... 48

1b harjoitus solfatentti, vastaussivu ... 49

1b harjoitus teoriatentti, vastaussivu ... 50

Oktaavialat

1b

1-viivainen oktaaviala

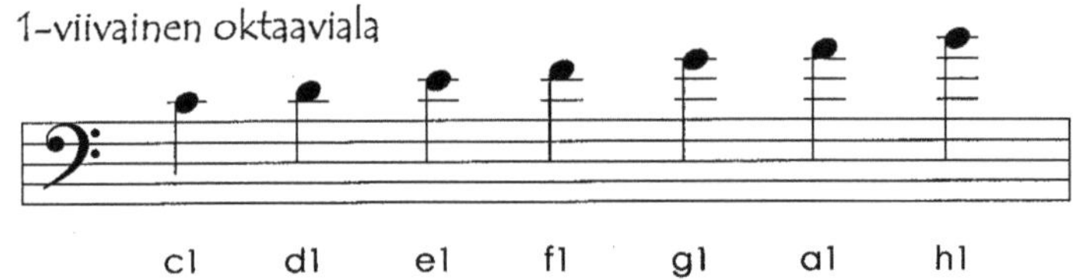

Pieni oktaaviala

Suuri oktaaviala

Oktaavialat

1b

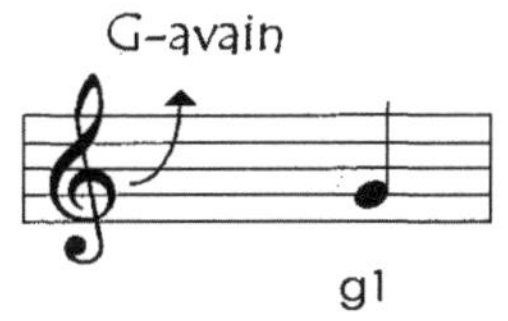

2-viivainen oktaaviala

1-viivainen oktaaviala

Pieni oktaaviala

Ylennysmerkki

1b

YLENNYSMERKKI KOROTTAA SÄVELEN PUOLI SÄVELASKELTA

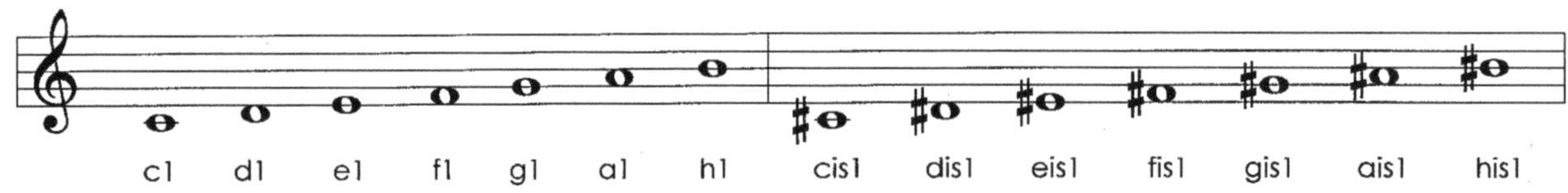

PALAUTUSMERKKI

PALAUTTAA SÄVELEN TAKAISIN ALKUPERÄISEEN KORKEUTEEN

Alennusmerkki
1b

♭ ALENNUSMERKKI ALENTAA SÄVELEN PUOLI SÄVELASKELTA

♮ PALAUTUSMERKKI

PALAUTTAA SÄVELEN TAKAISIN ALKUPERÄISEEN KORKEUTEEN

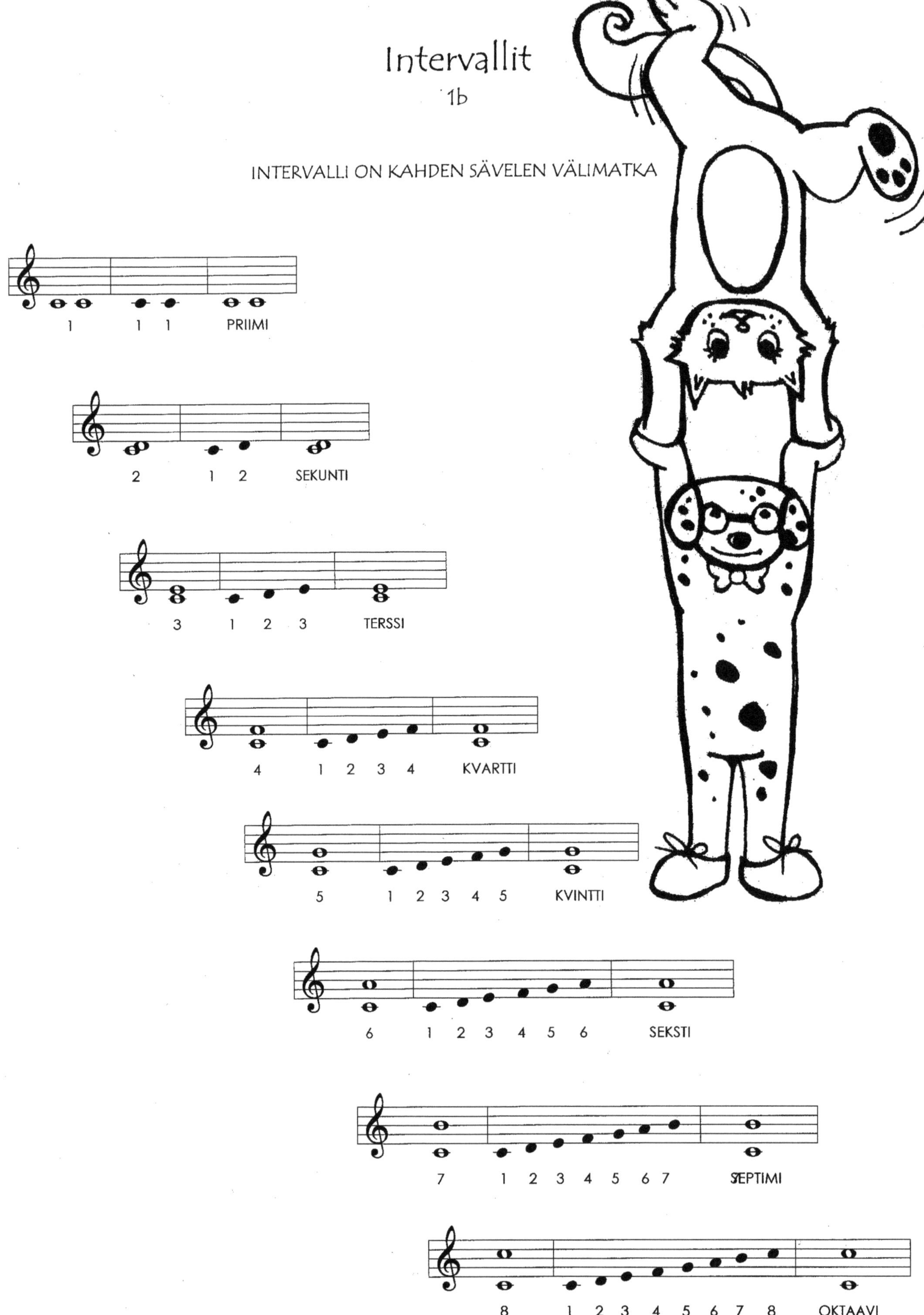

Intervallit
1b

INTERVALLI ON KAHDEN SÄVELEN VÄLIMATKA

1   1   1   PRIIMI

2   1   2   SEKUNTI

3   1   2   3   TERSSI

4   1   2   3   4   KVARTTI

5   1   2   3   4   5   KVINTTI

6   1   2   3   4   5   6   SEKSTI

7   1   2   3   4   5   6   7   SEPTIMI

8   1   2   3   4   5   6   7   8   OKTAAVI

Kolmisoinnut
1b

KOLMISOINTU ON POHJASÄVELESTÄ, SEN TERSSISTÄ JA KVINTISTÄ MUODOSTETTU SOINTU

DUURI   do mi so   D
kvintti
terssi
pohjasävel

molli   la, do mi   m

DUURI   molli   molli   DUURI   DUURI

C
kvintti
terssi
pohjasävel
Cm

Gm   Am   B♭   Cm   D

Duuriasteikot (tilapäinen merkki)

1b

C-duuri — **0**

G-duuri — **1♯**

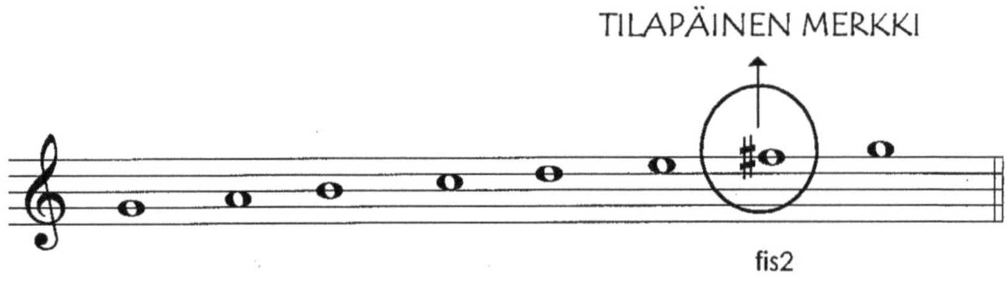

F-duuri — **1♭**

D-duuri — **2♯**

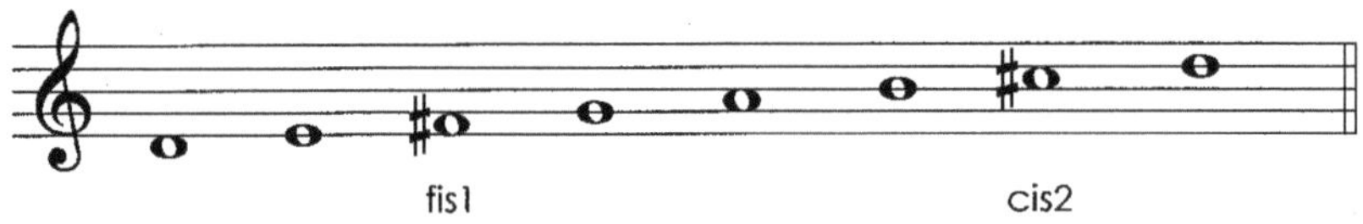

B-duuri — **2♭**

Molliasteikot (tilapäinen merkki)
1♭

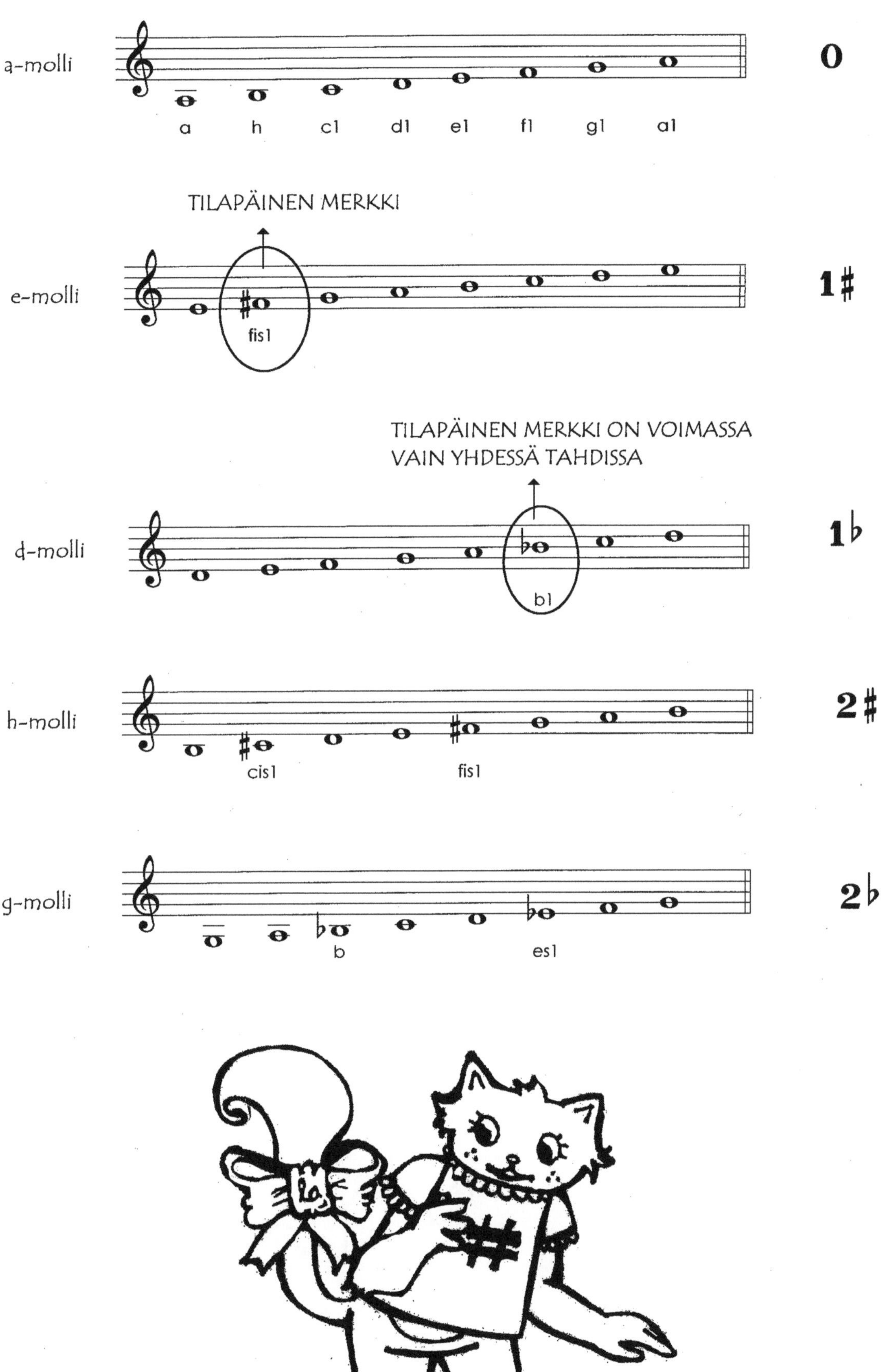

Duuriasteikot (etumerkki)

1b

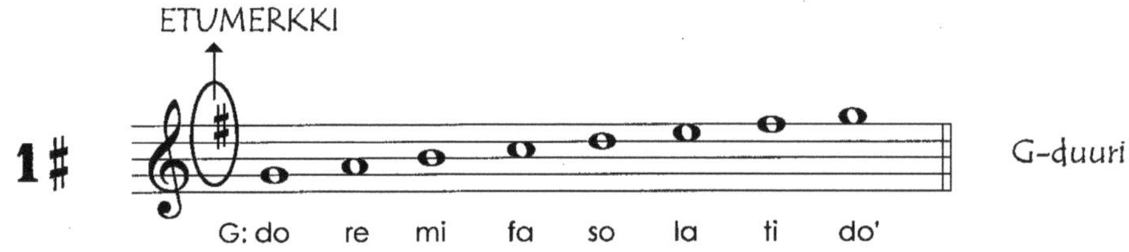

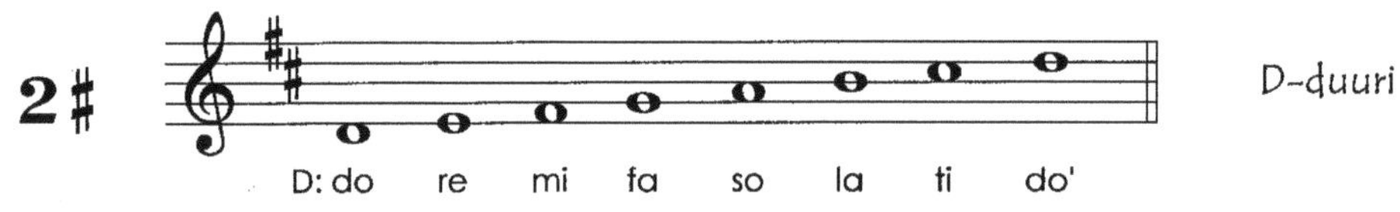

Molliasteikot (etumerkki)

1b

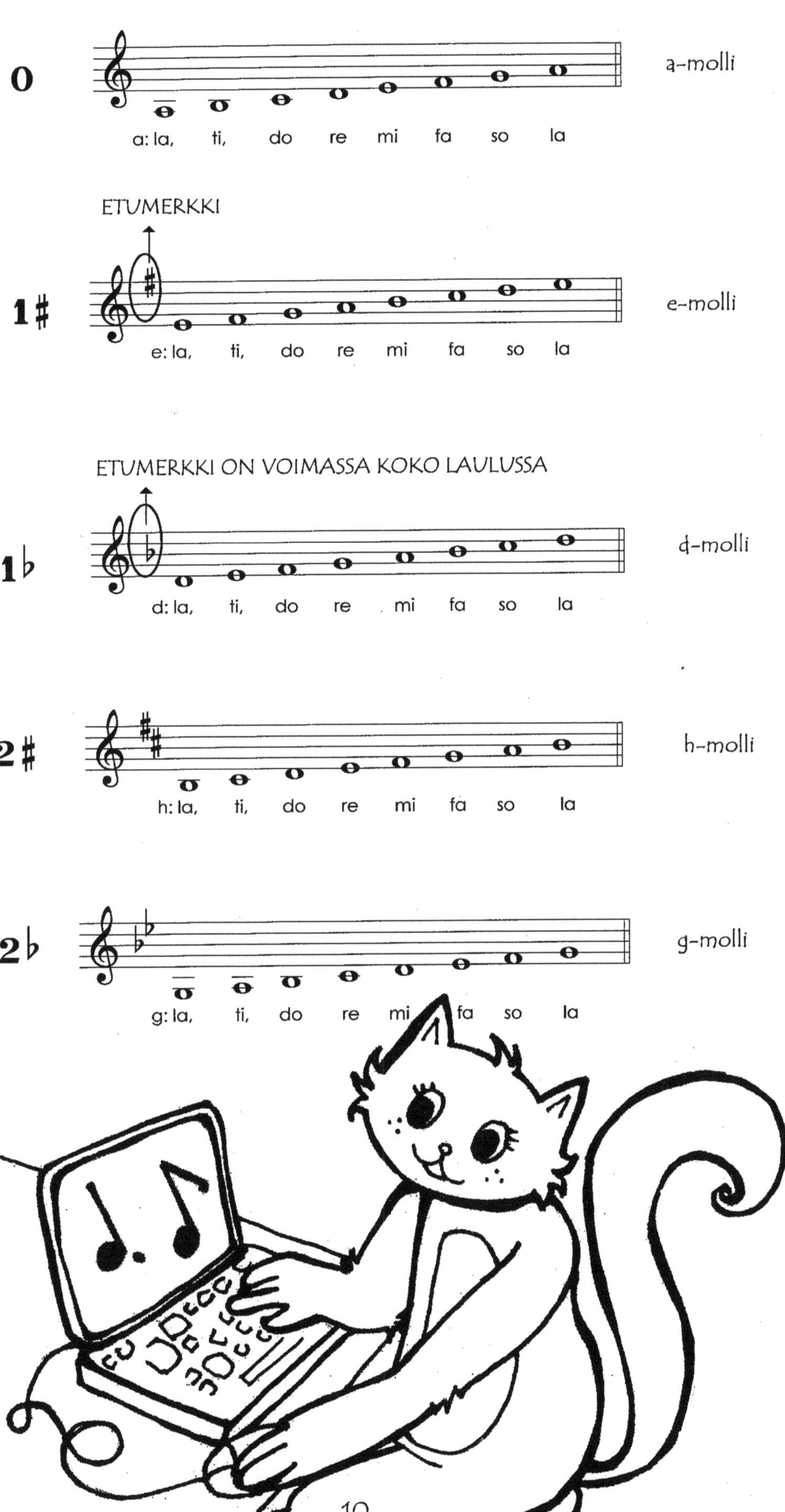

Säveltapailu 1b
Tehtäväsivu nro1

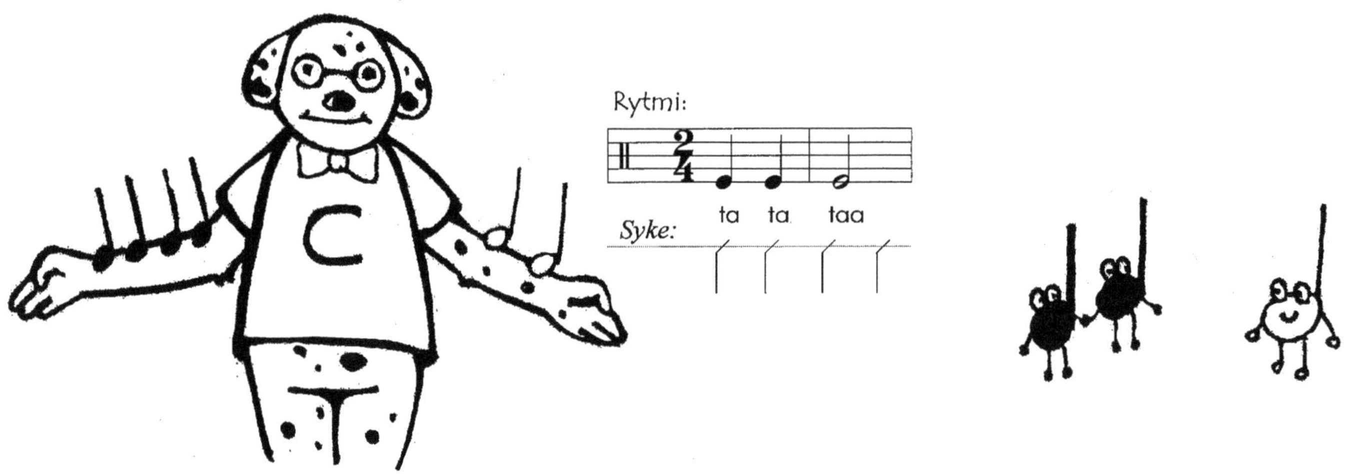

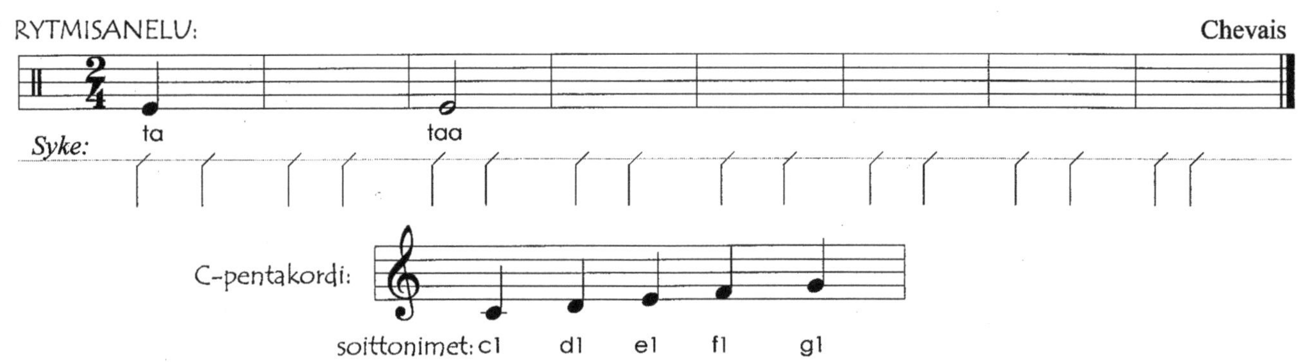

PENTAKORDI: VIISISÄVELINEN ASTEIKKO

Teoria 1b

Tehtäväsivu nro 1

1-VIIVAINEN OKTAAVIALA:

soittonimet: c1   d1   e1   f1   g1   a1   h1

Nimeä nuotit

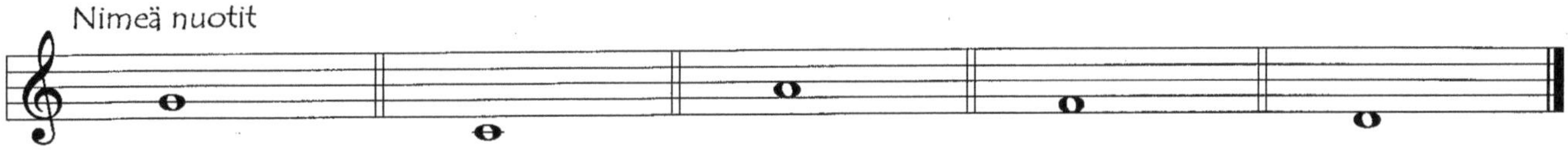

Kirjoita nuotit

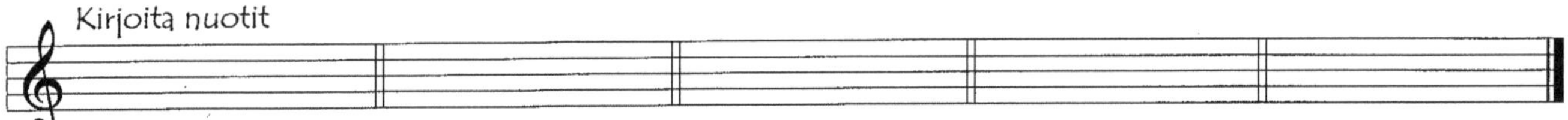

e1   g1   d1   h1   a1

Tahtiosoitus   Tahtiviiva   Päätösviiva

ta   taa

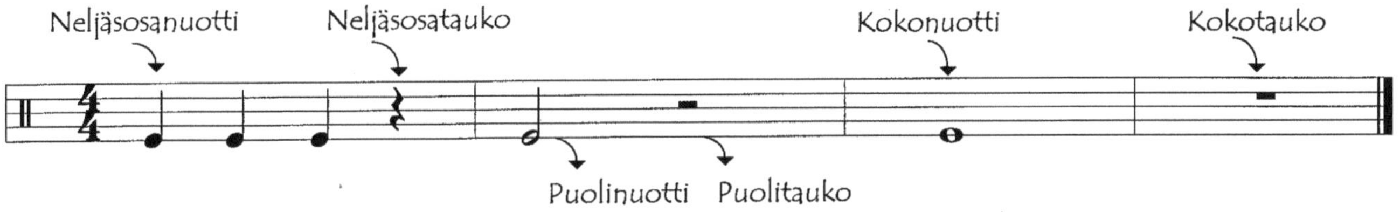

Neljäsosanuotti   Neljäsosatauko   Kokonuotti   Kokotauko

Puolinuotti   Puolitauko

Vedä tahtiviivat

ta

Musiikkisanat

1. prima vista =
2. pentakordi =
3. tempo =
4. allegro =
5. adagio =

12

Säveltapailu 1b
Tehtäväsivu nro 2

PIENI OKTAAVIALA:

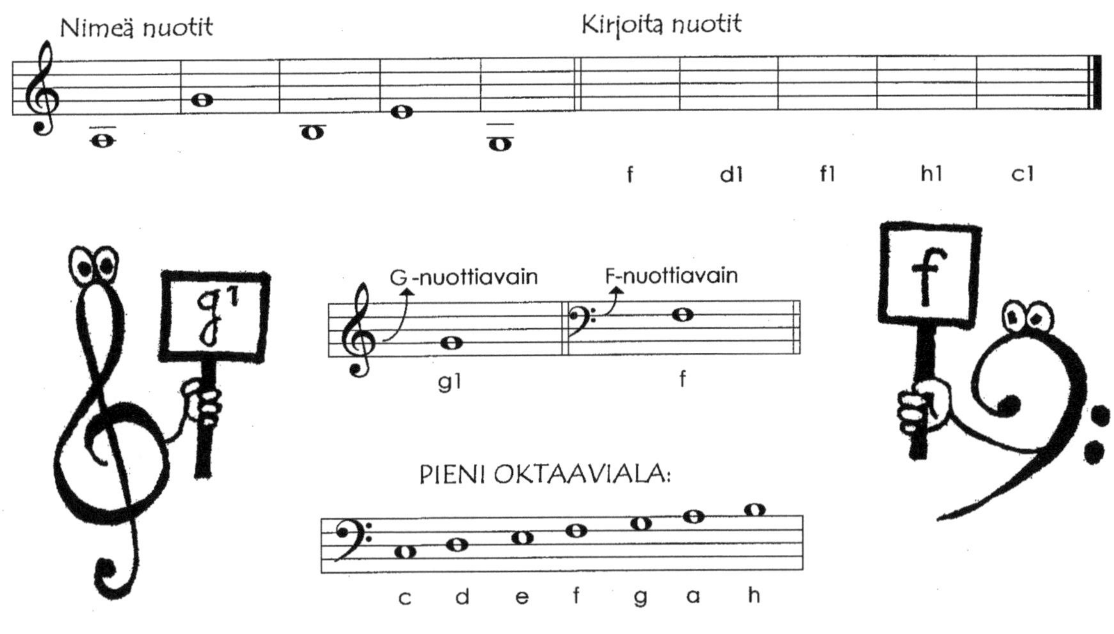

Kirjoita C-duuriasteikko puolinuotein

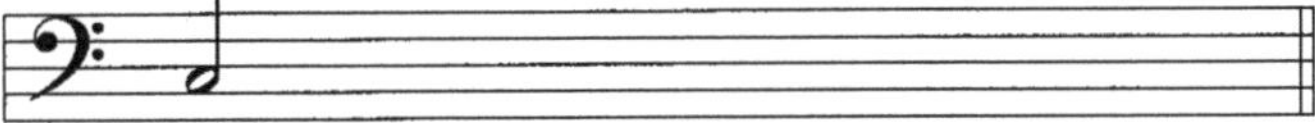

Kirjoita G-duuriasteikko neljäsosanuotein

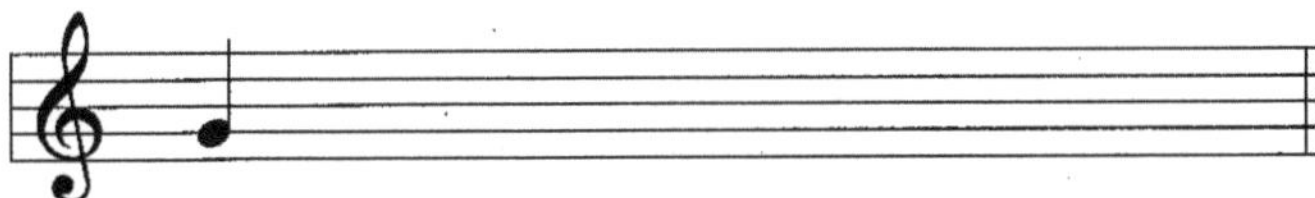

Kirjoita F-duuriasteikko kahdeksasosanuotein

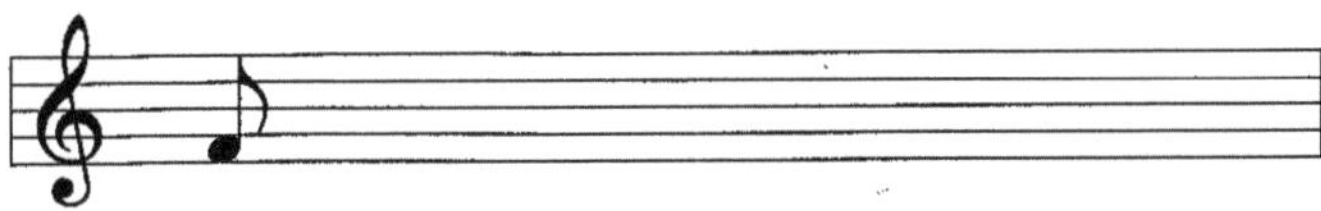

Musiikkisanat

1. vivace =

2. moderato =

3. andante =

4. heksakordi =

5. G-avain=

Säveltapailu 1b

Tehtäväsivu nro 3

C-duuriasteikko

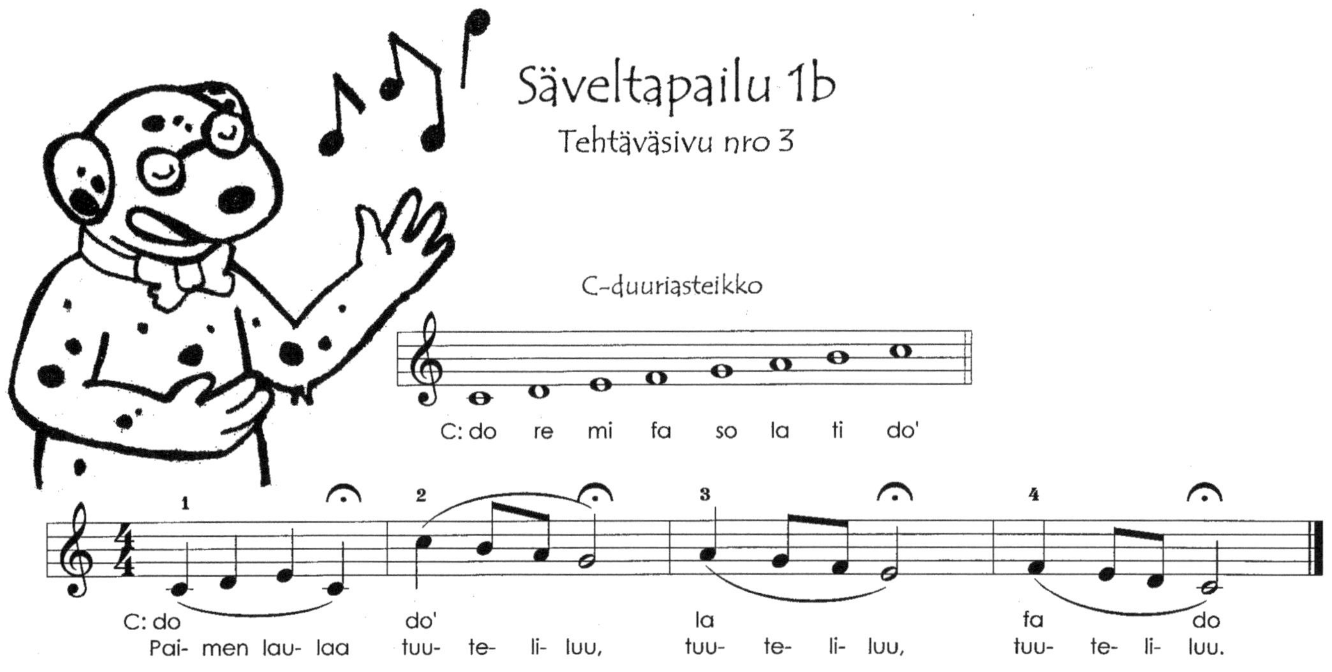

TILAPÄINEN MERKKI ON VOIMASSA VAIN YHDESSÄ TAHDISSA

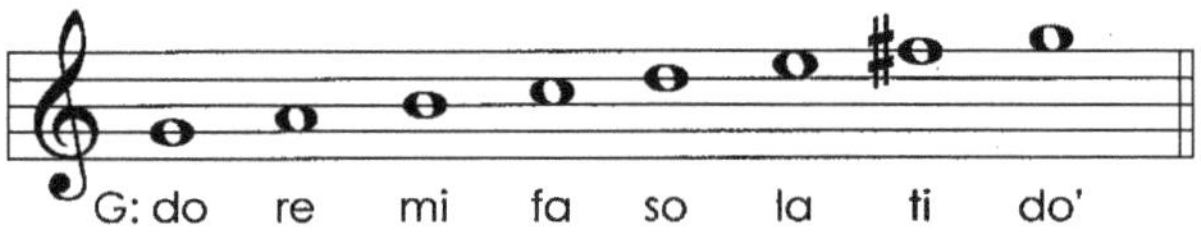

G-duuriasteikko

TRANSPONOI (SIIRRÄ):

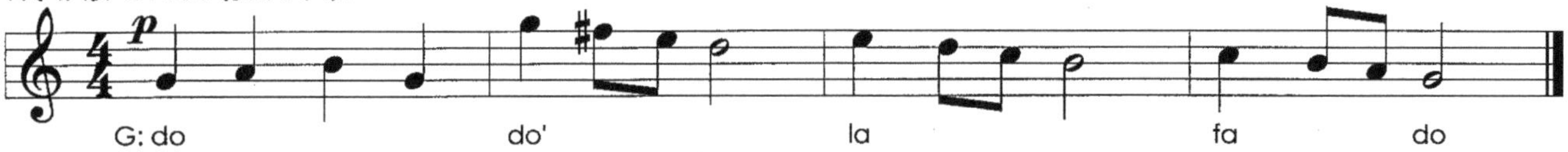

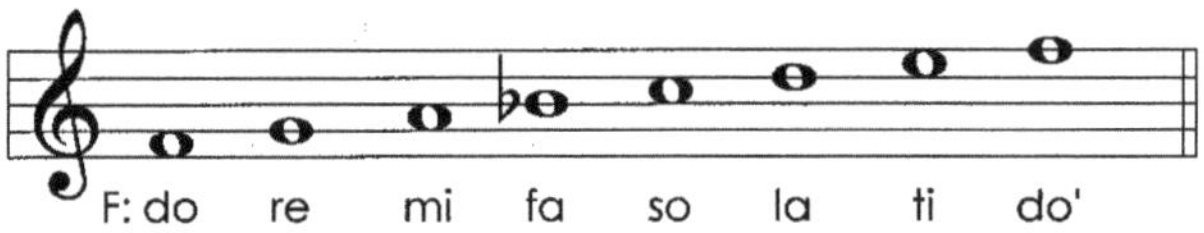

F-duuriasteikko

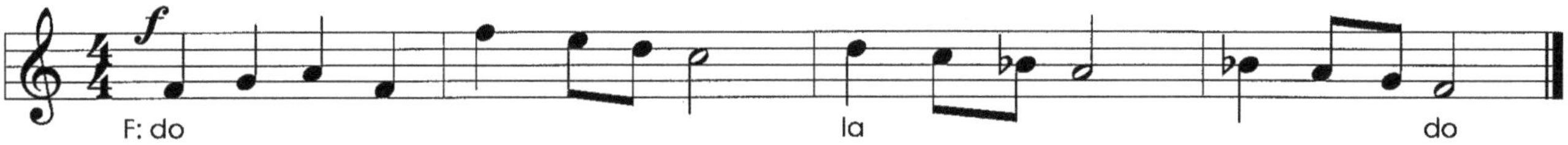

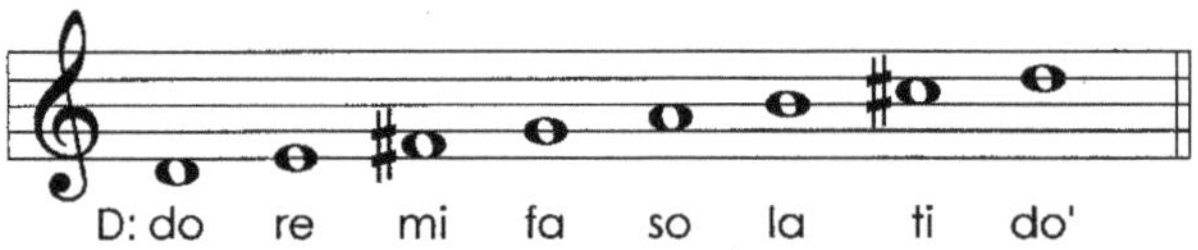

D-duuriasteikko

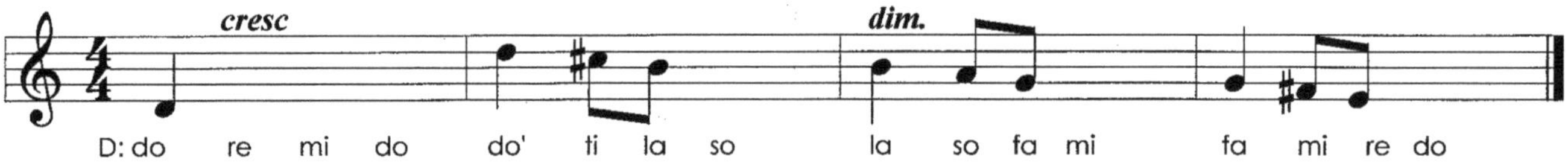

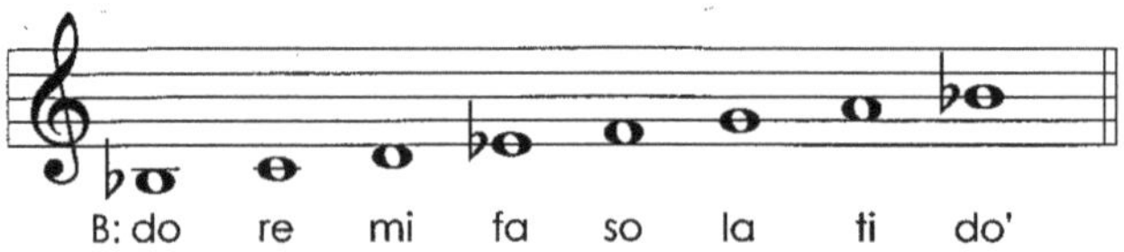

B-duuriasteikko

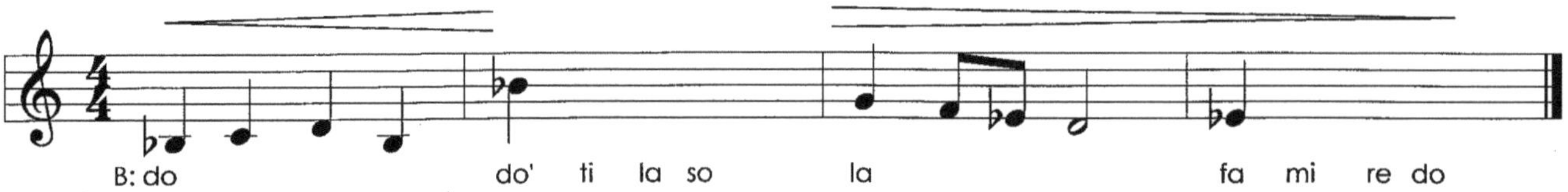

Teoria 1b

Tehtäväsivu nro 3

2-VIIVAINEN OKTAAVIALA:

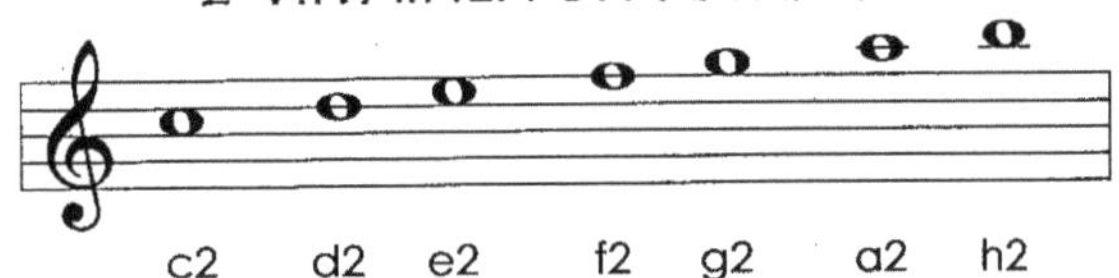

Nimeä nuotit   Kirjoita nuotit

Tititoi

INTERVALLIT:

Nimeä intervallit

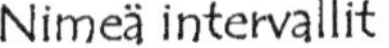
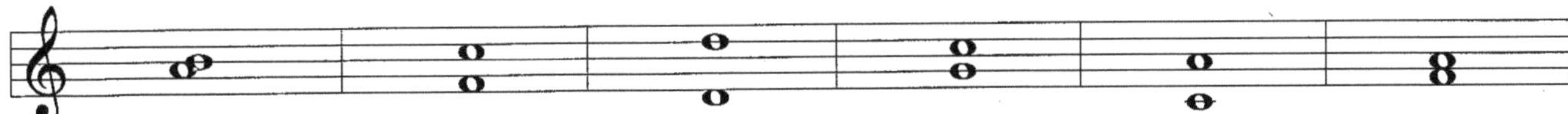

Musiikkisanat

1. fermaatti =
2. f (forte) =
3. p (piano) =
4. crescendo (cresc.) =
5. diminuendo (dim.) =

Säveltapailu 1b
Tehtäväsivu nro 4

17

Teoria 1b
Tehtäväsivu nro 4

Säveltapailu 1b

Tehtäväsivu nro 5

19

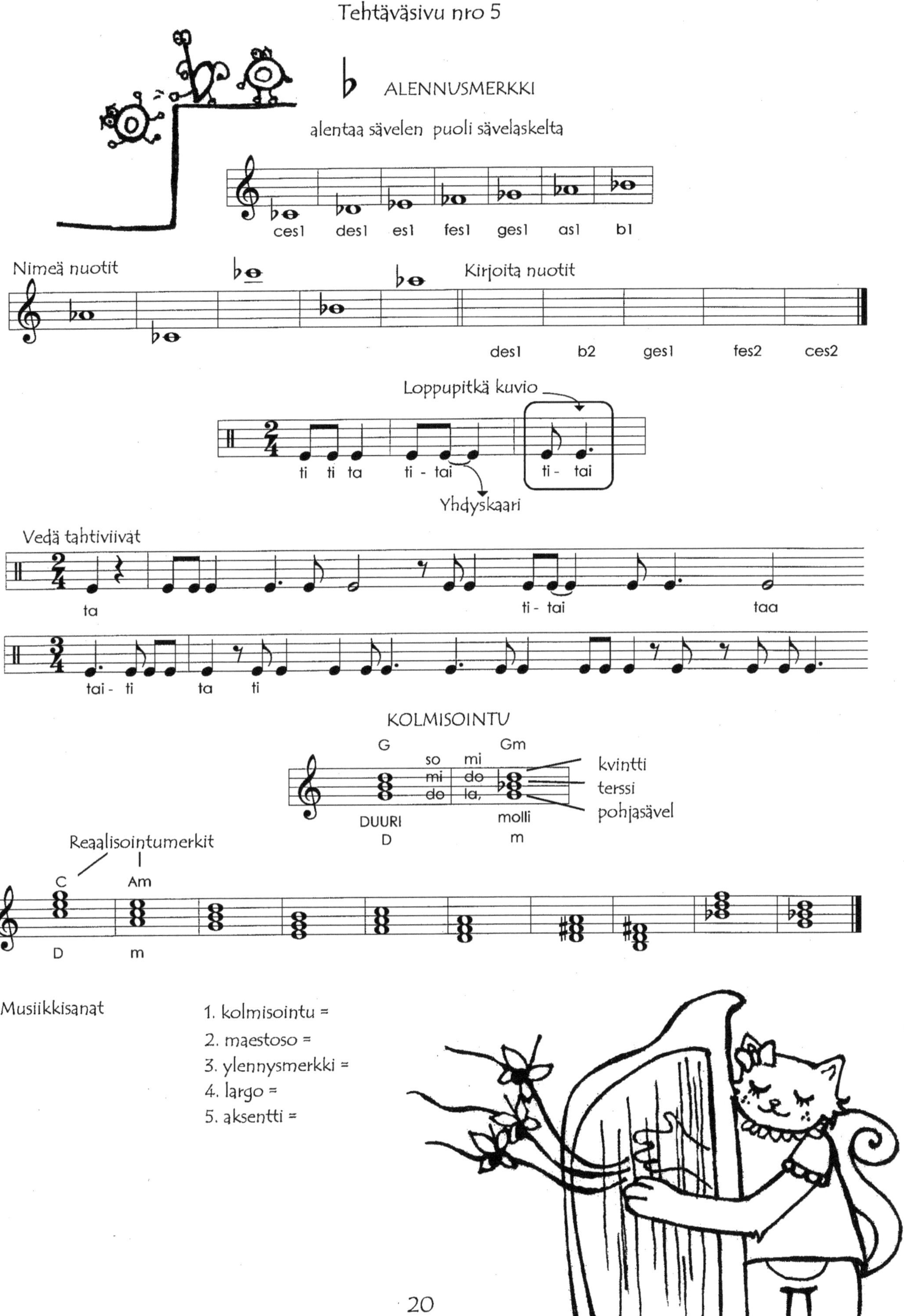

♭ ALENNUSMERKKI
alentaa sävelen puoli sävelaskelta
ces1 des1 es1 fes1 ges1 as1 b1
Nimeä nuotit
Kirjoita nuotit
des1 b2 ges1 fes2 ces2
Loppupitkä kuvio
ti ti ta ti - tai ti - tai
Yhdyskaari
Vedä tahtiviivat
ta
ti - tai
taa
tai - ti ta ti
KOLMISOINTU
G Gm
so mi
mi do
do la,
kvintti
terssi
pohjasävel
DUURI molli
D m
Reaalisointumerkit
C Am
D m
Musiikkisanat
1. kolmisointu =
2. maestoso =
3. ylennysmerkki =
4. largo =
5. aksentti =

Säveltapailu 1b

Tehtäväsivu nro 6

RYTMITAPAILU:

MELODIATAPAILU:

MELODIASANELU:

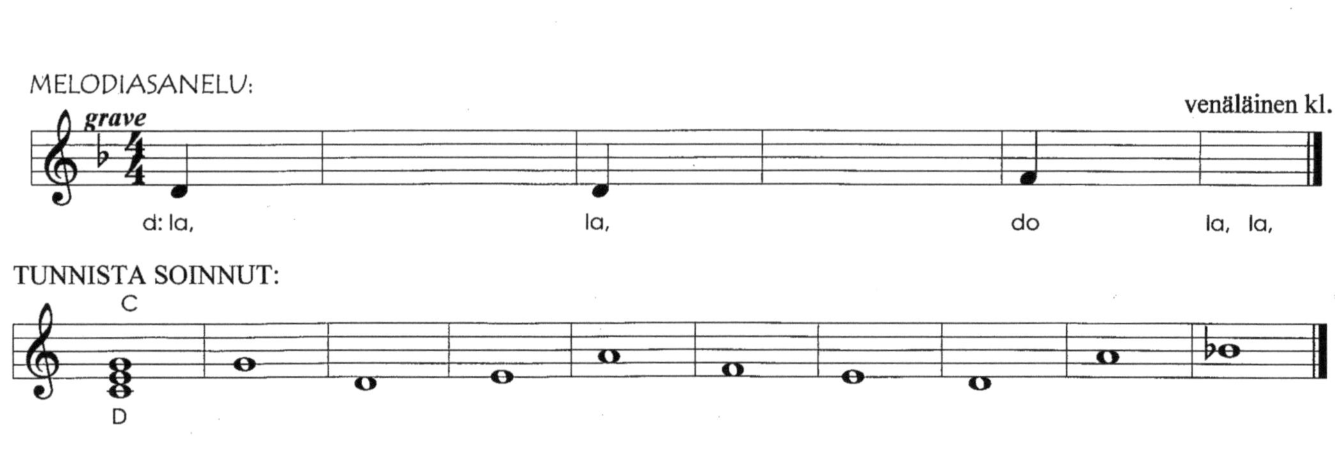

Teoria 1b

Tehtäväsivu nro 6

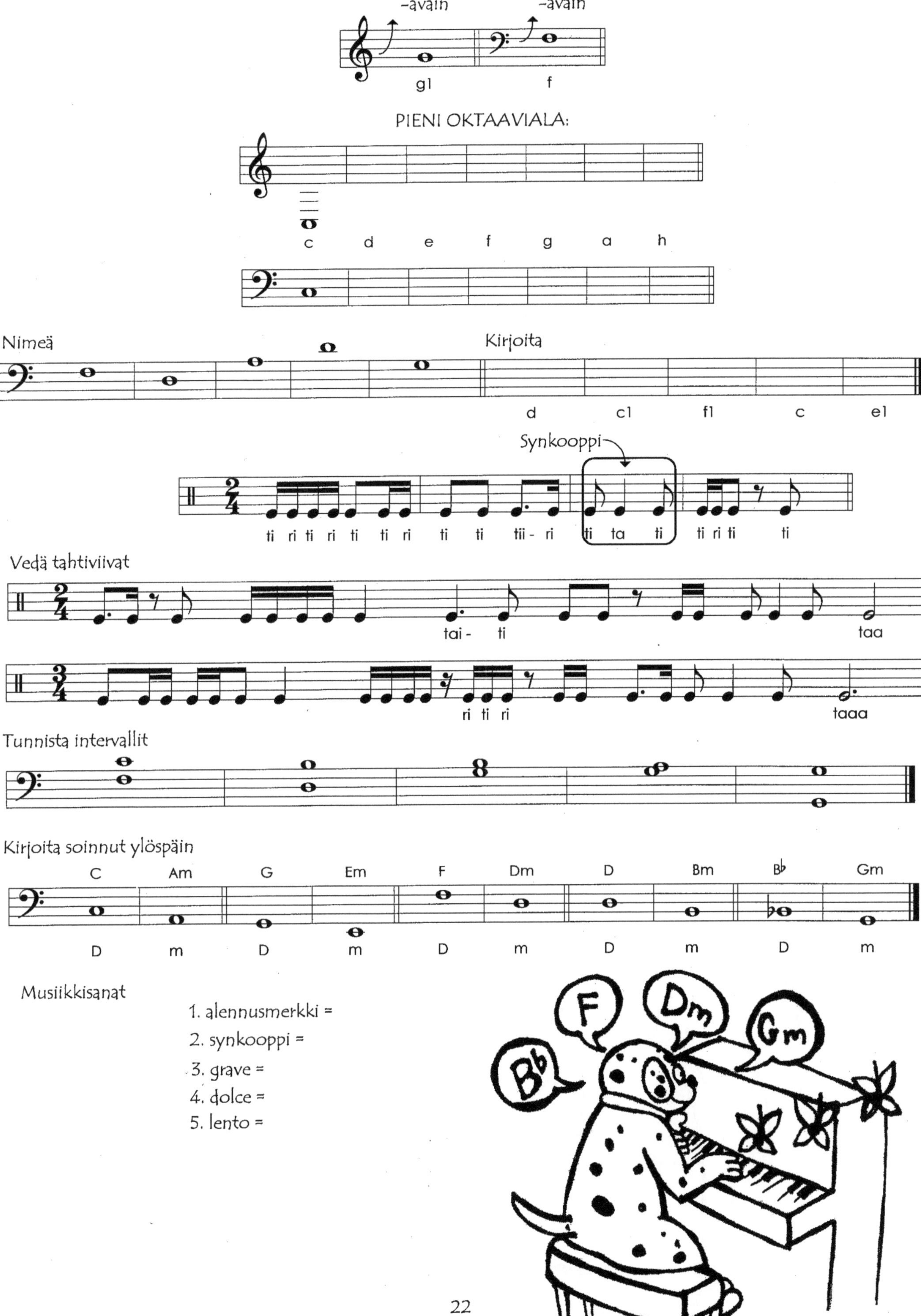

1	adagio	
2	aksentti	
3	alennusmerkki	
4	allegro	
5	andante	
6	crescendo	
7	diminuendo	
8	dolce	
9	dynamiikka	
10	F-avain	
11	fermaatti	
12	forte	
13	G-avain	
14	grave	
15	heksakordi	
16	intervalli	
17	kolmisointu	
18	largo	
19	legato	
20	lento	
21	maestoso	
22	mezzoforte	
23	mezzopiano	
24	moderato	
25	palautusmerkki	
26	pentakordi	
27	piano	
28	presto	
29	prima vista	
30	synkooppi	
31	tempo	
32	vivace	
33	ylennysmerkki	

Notaatio: Ylennysmerkki
Harjoitussivu 1b

Notaatio: Alennusmerkki

Harjoitussivu 1b

Tunnista nuotit

Kirjoita nuotit

Tunnista nuotit

Kirjoita nuotit

Kirjoita nuotit

Tunnista nuotit

Kirjoita nuotit

Tunnista nuotit

Intervallit
Harjoitussivu 1b
INTERVALLI ON .... SÄVELEN VÄLIMATKA
1 2 3 TERSSI
3
PRIIMI SEKUNTI TERSSI KVARTTI KVINTTI SEKSTI SEPTIMI OKTAAVI
1 2 3 4 5 6 7 8
TUNNISTA
TERSSI
3
KIRJOITA YLÖSPÄIN
SEKSTI SEPTIMI SEKUNTI KVARTTI KVINTTI
6
KVINTTI
5 3 2 4 8
KIRJOITA ALASPÄIN
SEKSTI
6 7 2 4 5
KVINTTI TERSSI SEKUNTI KVARTTI OKTAAVI
5

Kolmisoinnut
Harjoitussivu 1b

KOLMISOINTU ON POHJASÄVELESTÄ, SEN TERSISTÄ JA KVINTISTÄ MUODOSTETTU SOINTU

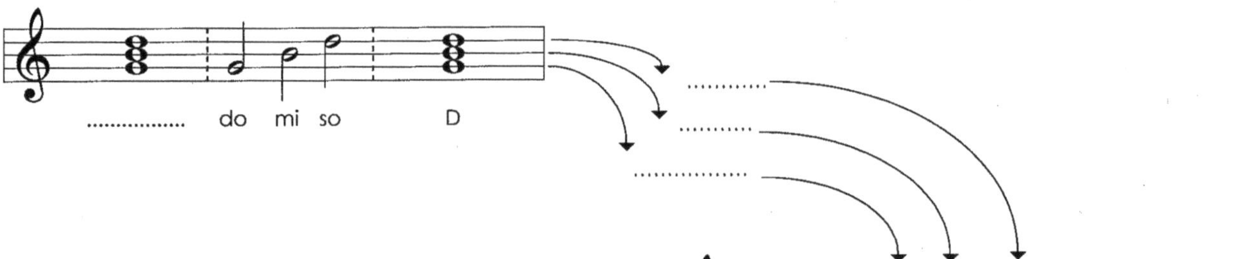

Kirjoita soinnut

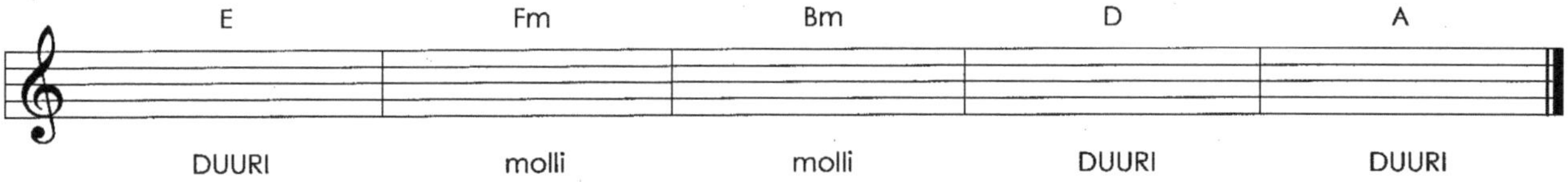

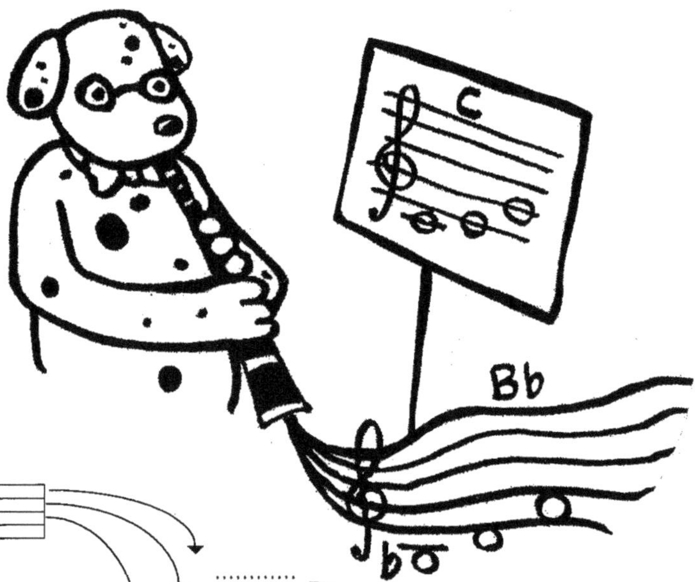

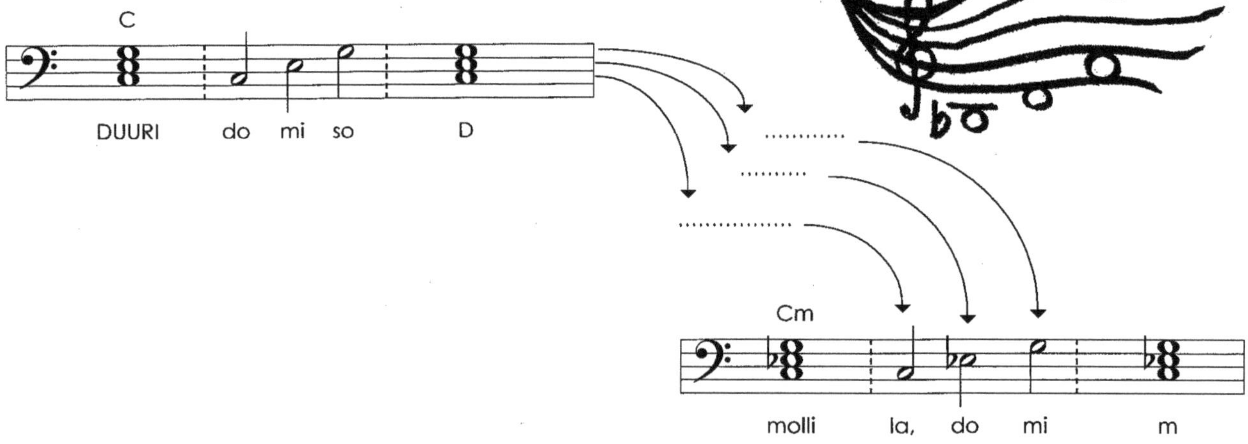

Tunnista soinnut

Asteikot

Harjoitussivu 1b

Harjoitus solfatentti

Tehtäväsivu pt 1b

RYTMI PRIMA VISTA

MELODIA PRIMA VISTA

1a, Kirjoita nuottien nimet ja oktaavialat

1b, Kirjoita nuotit merkinnän mukaisesti

cis b es1 h g2

2. Merkitse tahtiviivat tahtiosoituksen mukaisesti

3a, Kirjoita asteikot

D-duuri asteikko

d-molli asteikko

3b, Kirjoita B-duurin etumerkintä

3c, Minkä duurin ja mollin etumerkinnät

- duuri - duuri
- molli - molli

4a, Tunnista seuraavat intervallit   **4b, Muodosta intervallit ylöspäin**   **4c, Muodosta intervallit alaspäin**

terssi oktaavi seksti septimi sekunti kvintti

5. Selitä seuraavat musiikkisanat ja -merkinnät

prima vista =
moderato =
adagio =
presto =
andante =

Säveltapailu 1b

Vastaussivu nro1

Do-pentakordi:

PRIMA VISTA:

Rytmi:

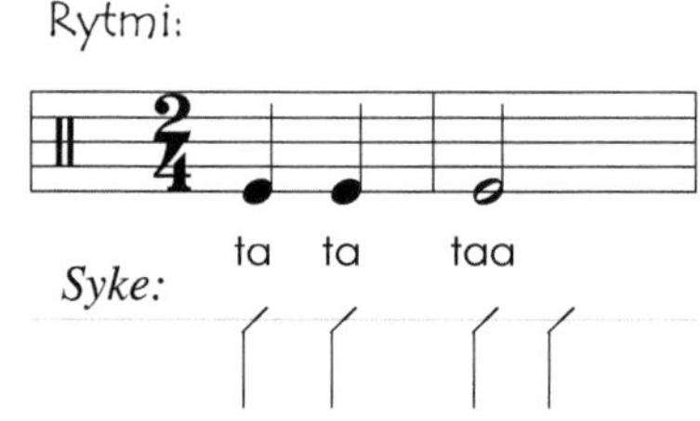

RYTMISANELU:

Chevais

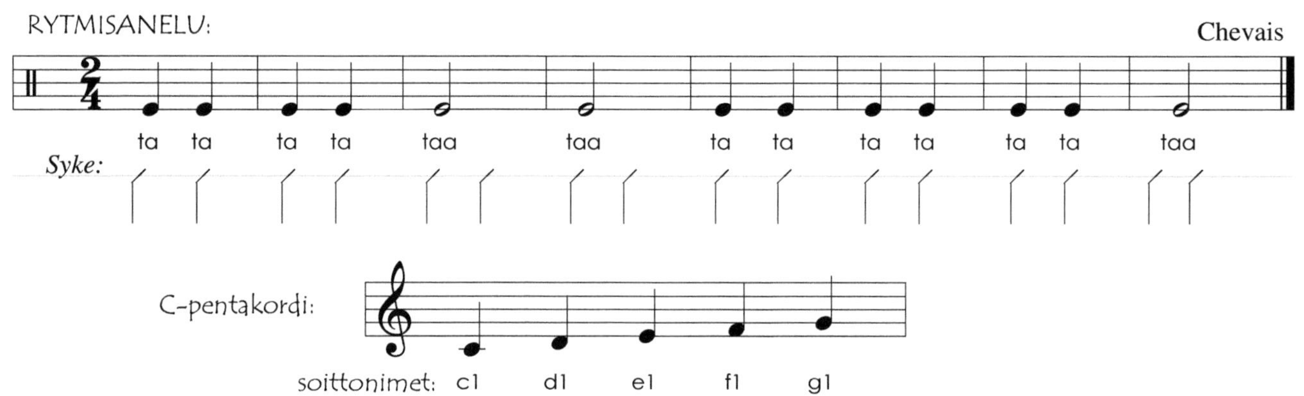

C-pentakordi:

PENTAKORDI: VIISISÄVELINEN ASTEIKKO

MELODIASANELU:

Chevais

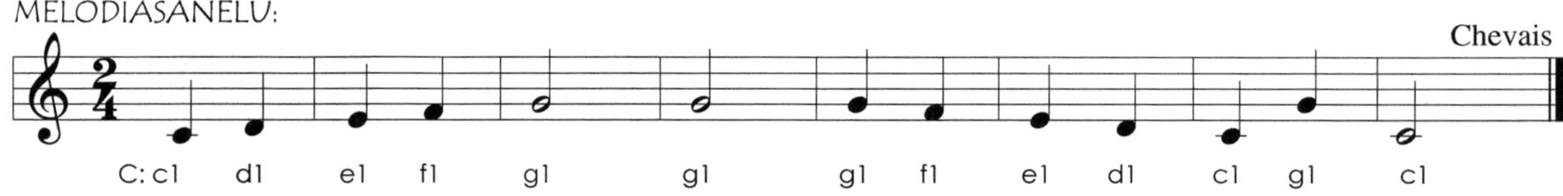

Teoria 1b

Vastaussivu nro 1

Nimeä nuotit

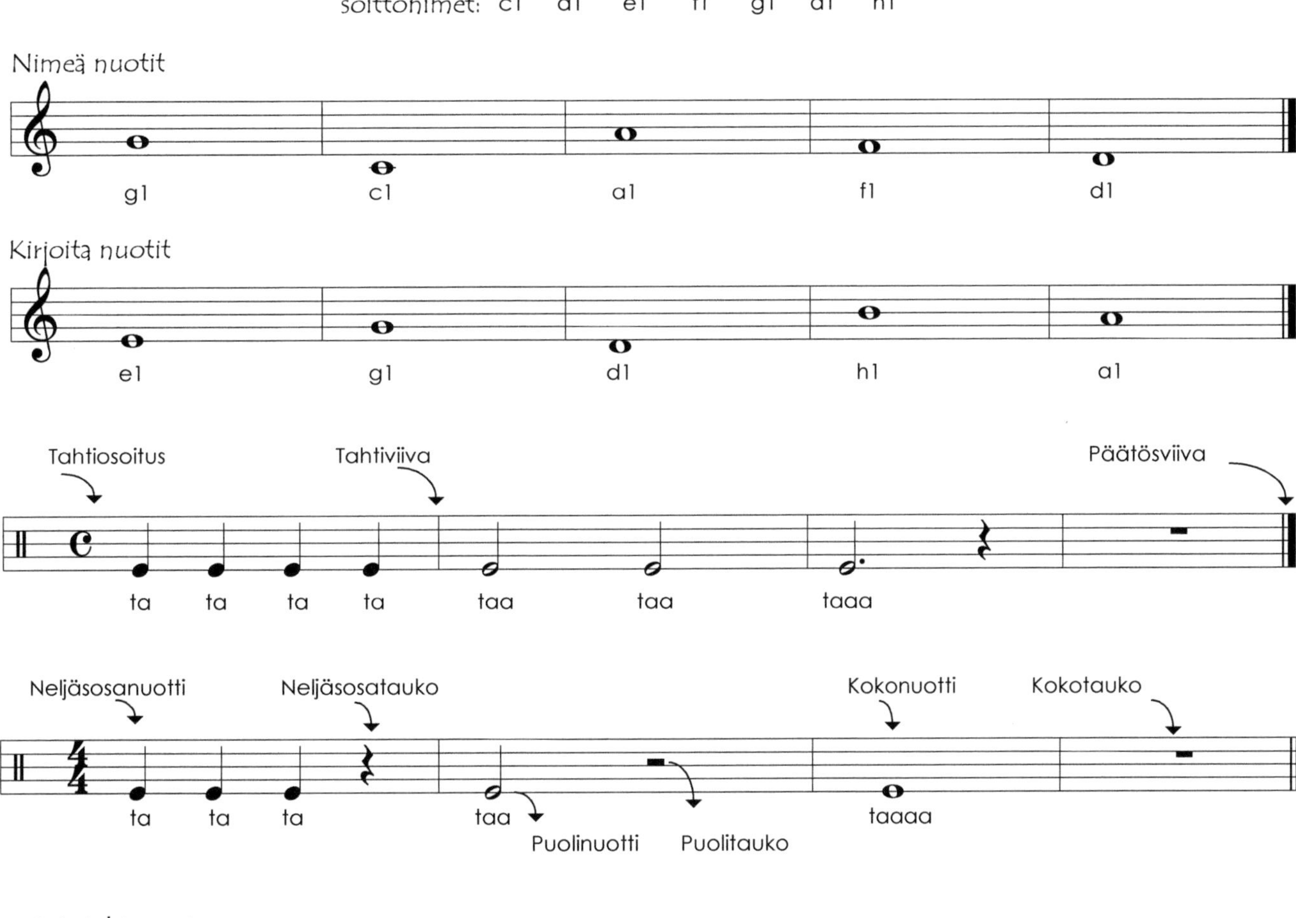

Vedä tahtiviivat

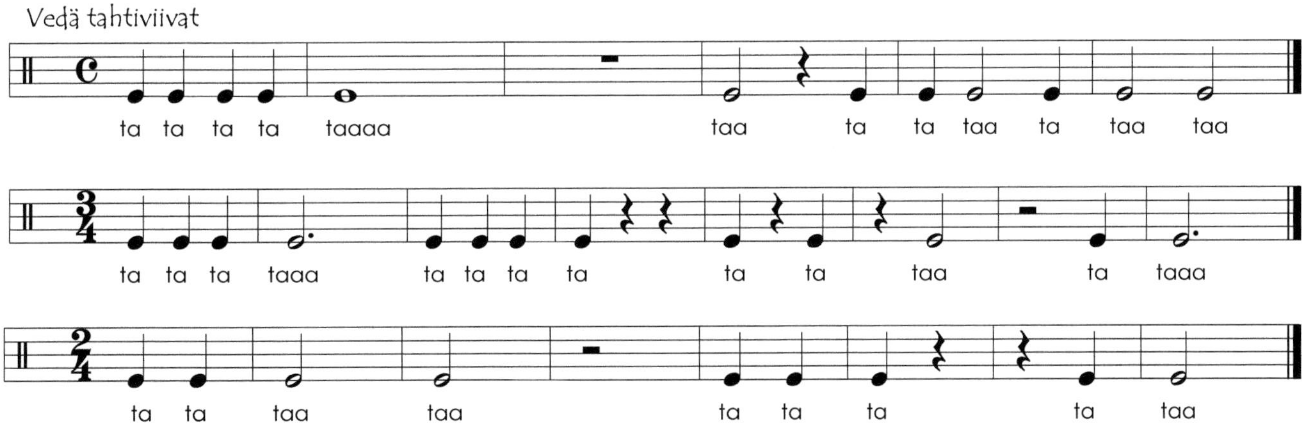

Musiikkisanat

1. prima vista = ensi näkemältä
2. pentakordi = viisisävelinen asteikko
3. tempo = esitysnopeus
4. allegro = nopeasti
5. adagio = hitaasti

Säveltapailu 1b
Vastaussivu nro 2

HEKSAKORDI: KUUSISÄVELINEN ASTEIKKO

TILAPÄINEN MERKKI

TILAPÄINEN MERKKI ON VOIMASSA VAIN YHDESSÄ TAHDISSA

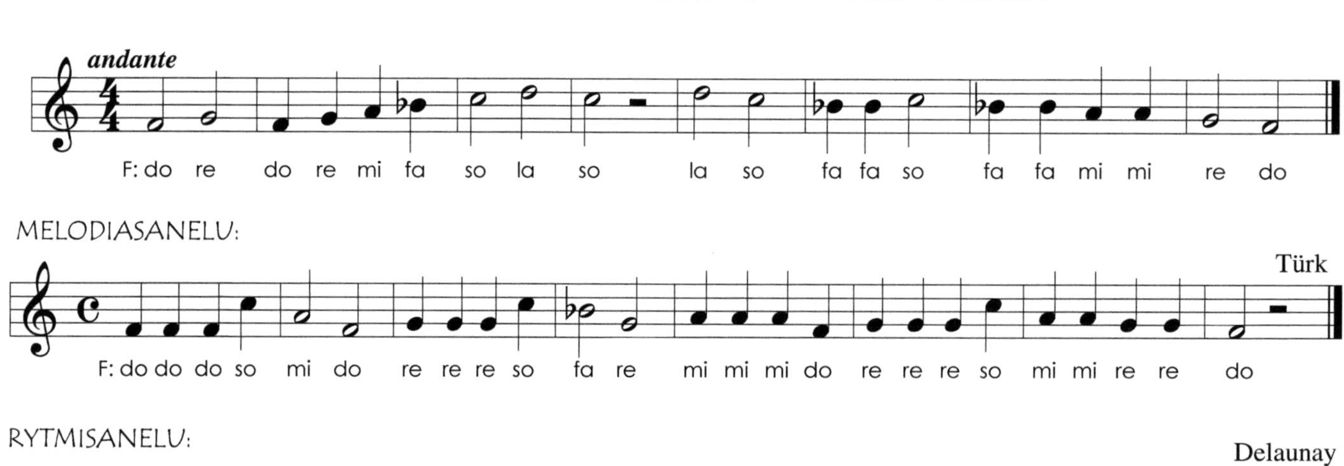

Teoria 1b

Vastaussivu nro 2

PIENI OKTAAVIALA:

Nimeä nuotit   Kirjoita nuotit

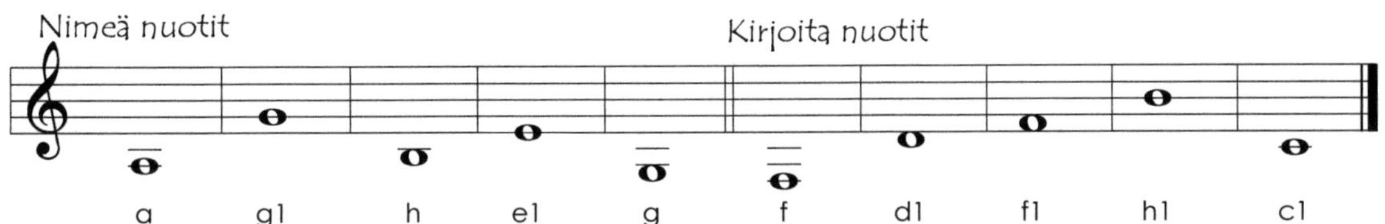

PIENI OKTAAVIALA:

Nimeä nuotit   Kirjoita nuotit

Kirjoita C-duuriasteikko puolinuotein

Kirjoita G-duuriasteikko neljäsosanuotein

Kirjoita F-duuriasteikko kahdeksasosanuotein

Musiikkisanat

1. vivace = eloisasti
2. moderato = kohtuullisesti
3. andante = käyden
4. heksakordi = kuusisävelinen asteikko
5. G-avain = viittaa g1:een

Säveltapailu 1b

Vastaussivu nro 3

C-duuriasteikko

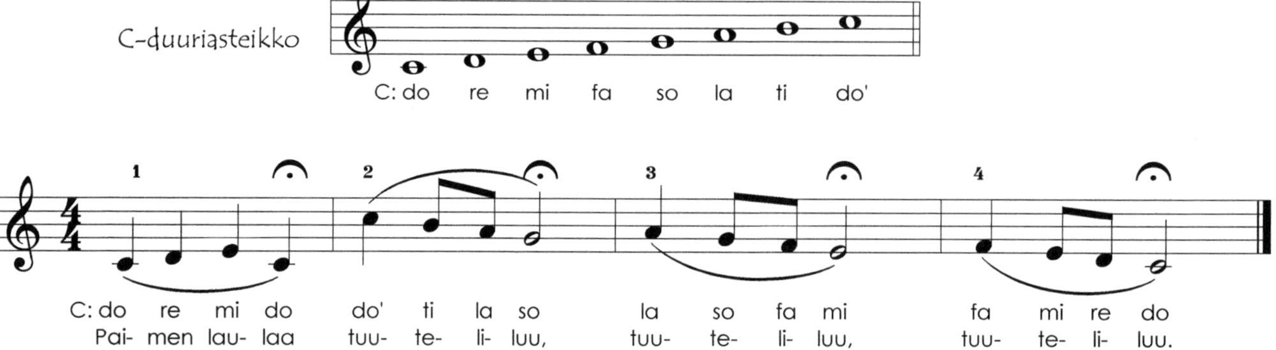

TILAPÄINEN MERKKI ON VOIMASSA VAIN YHDESSÄ TAHDISSA

G-duuriasteikko

TRANSPONOI (SIIRRÄ):

F-duuriasteikko

D-duuriasteikko

B-duuriasteikko

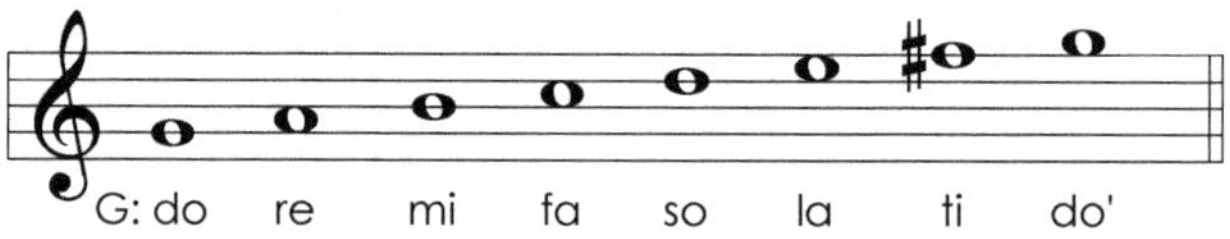

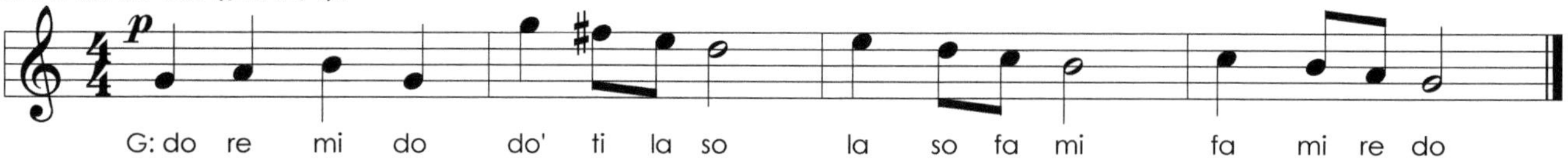

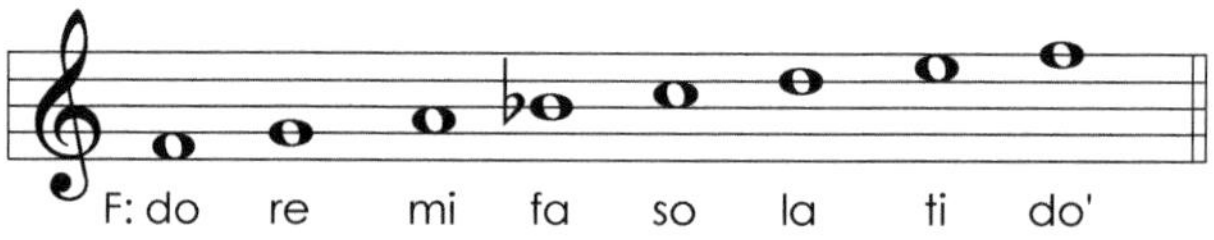

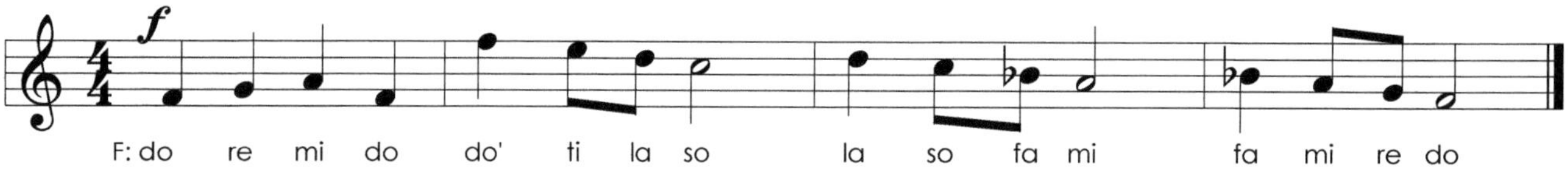

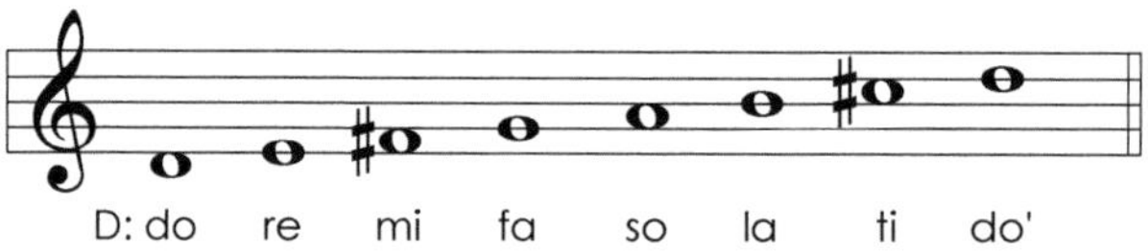

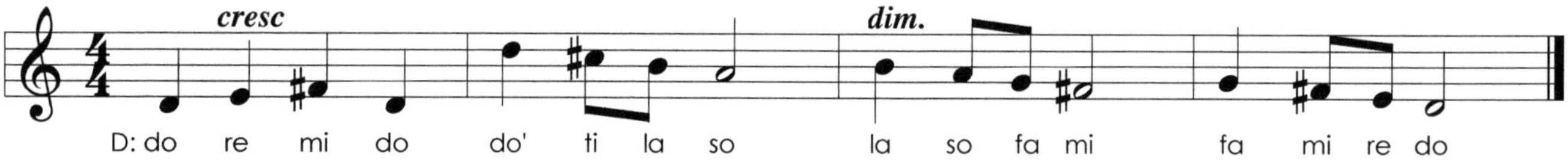

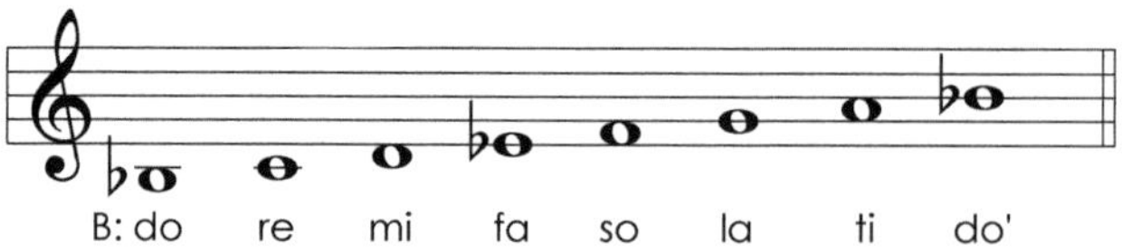

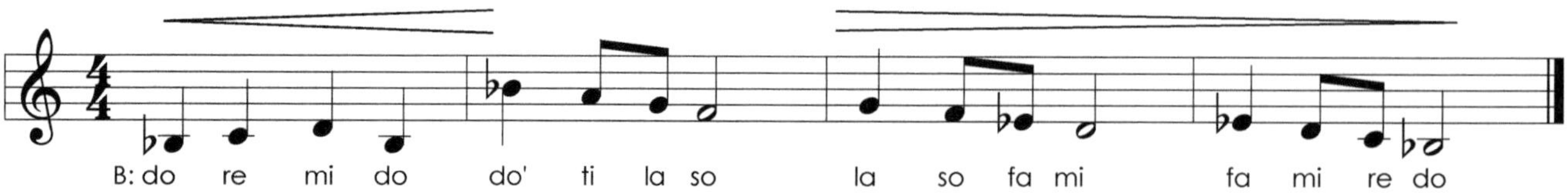

Teoria 1b

Vastaussivu nro 3

2-VIIVAINEN OKTAAVIALA:

Nimeä nuotit

Kirjoita nuotit

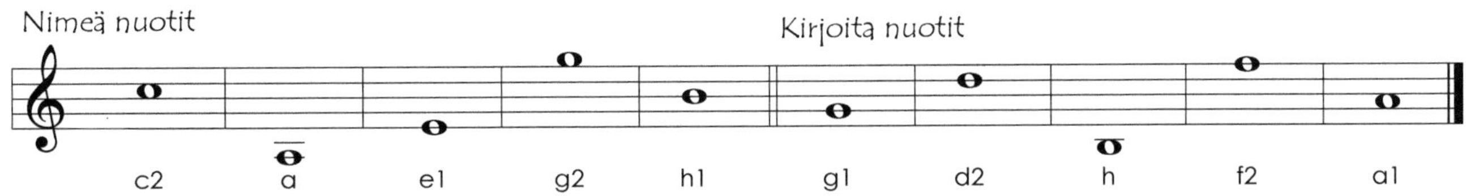

Tititoi

kahdeksasosanuotti kahdeksasosatauko

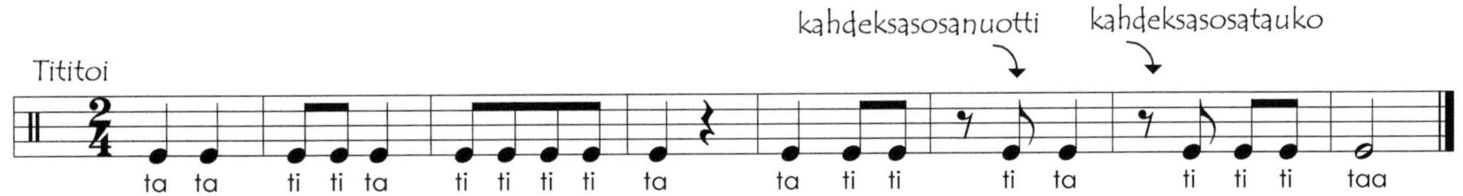

INTERVALLIT:

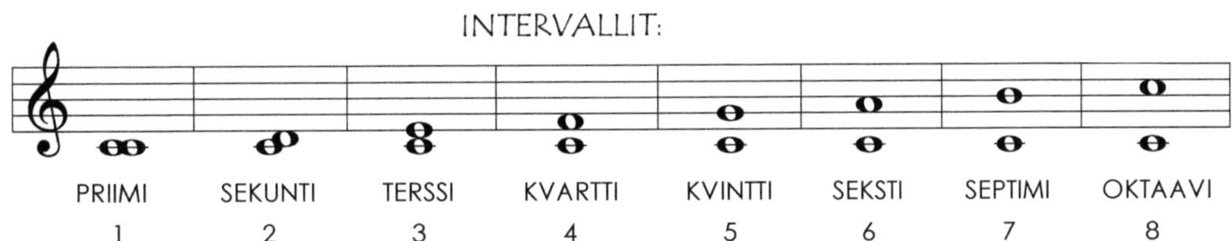

Nimeä intervallit

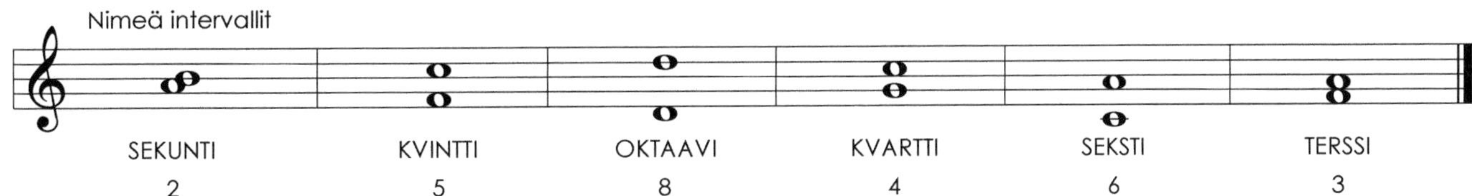

Musiikkisanat

1. fermaatti = pidäke
2. f (forte) = voimakkaasti
3. p (piano) = hiljaa
4. crescendo (cresc.) = voimistuen
5. diminuendo (dim.) = hiljentyen

Säveltapailu 1b

Vastaussivu nro 4

PRIMA VISTA:

ETUMERKKI ON VOIMASSA KOKO LAULUSSA

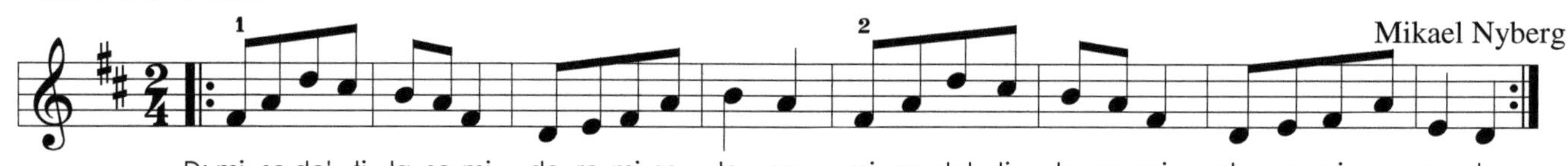

MELODIASANELU:

Mikael Nyberg

TRANSPONOI B-DUURIIN:

Teoria 1b

Vastaussivu nro 4

YLENNYSMERKKI

ylentää sävelen puoli sävelaskelta

Nimeä nuotit

Kirjoita nuotit

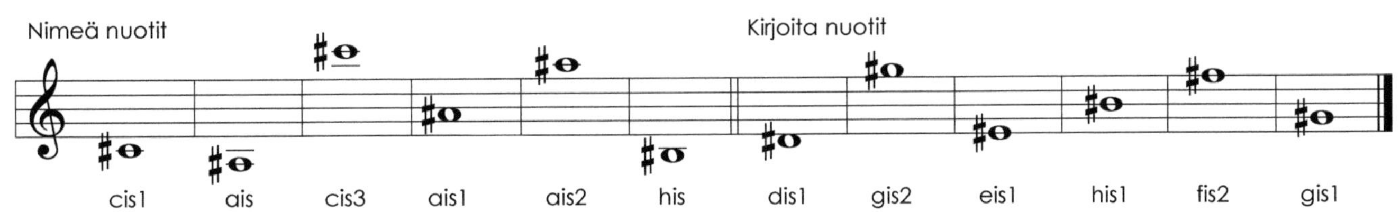

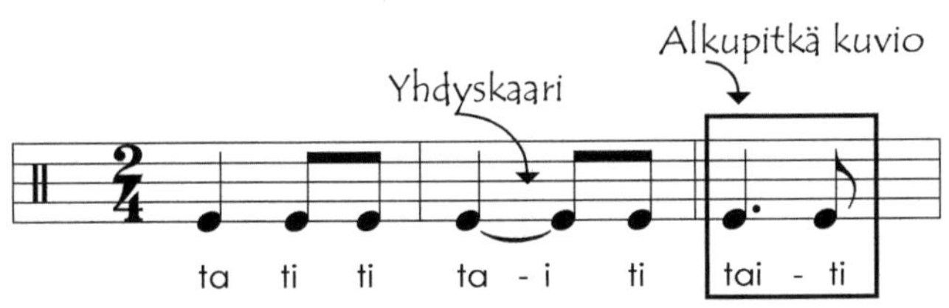

PRIMA VISTA

Kirjoita intervallit ylöspäin

Kirjoita intervallit alaspäin

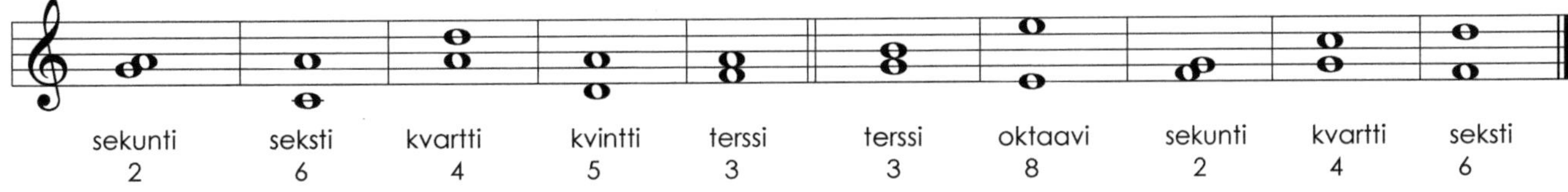

Musiikkisanat

1. presto = hyvin nopeasti
2. dynamiikka = äänen voimakkuuden vaihtelu
3. mf (mezzoforte) = puolikovaa
4. mp (mezzopiano) = puolihiljaa
5. legato = sitoen

Säveltapailu 1b

Vastaussivu nro 5

TRANSPONOI:

Teoria 1b

Vastaussivu nro 5

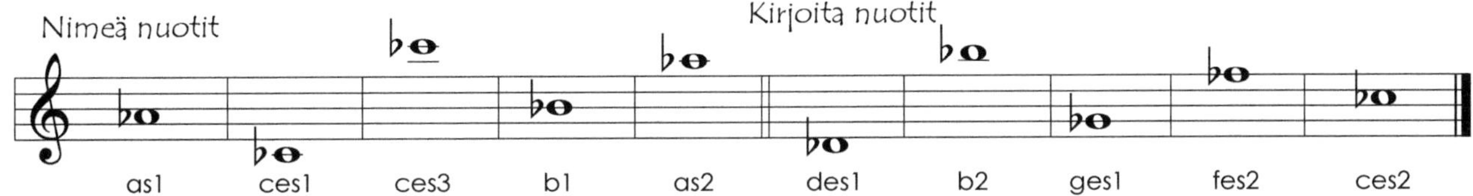

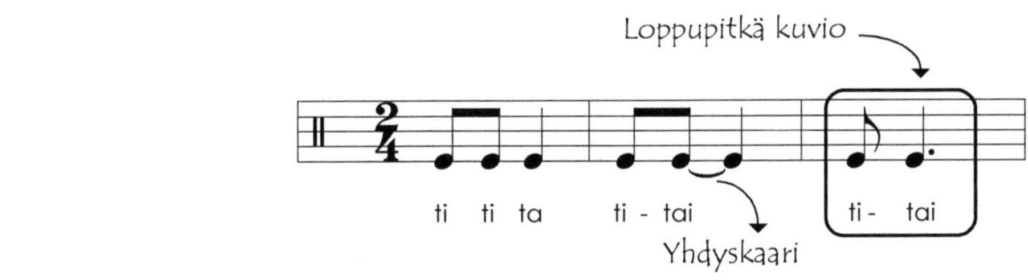

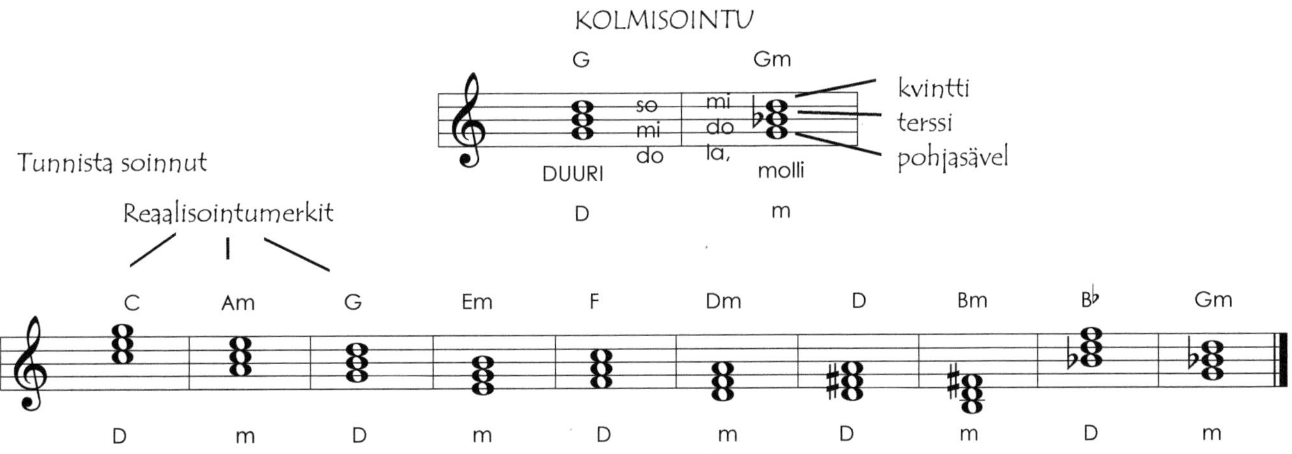

Musiikkisanat

1. kolmisointu = pohjasävelestä terssin ja kvintin avulla muodostettu sointu
2. maestoso = juhlallisesti
3. ylennysmerkki = ylentää nuotin puoli sävelaskelta
4. largo = hitaasti
5. aksentti = isku, korostus

Säveltapailu 1b

Vastaussivu nro 6

RYTMITAPAILU:

RYTMISANELU:

PENTATONINEN= viisisävelisyys, ilman puoli sävelaskelta

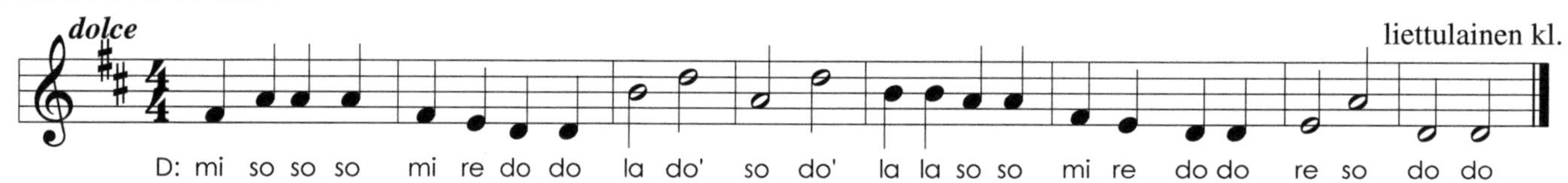

MELODIATAPAILU:

MELODIASANELU:

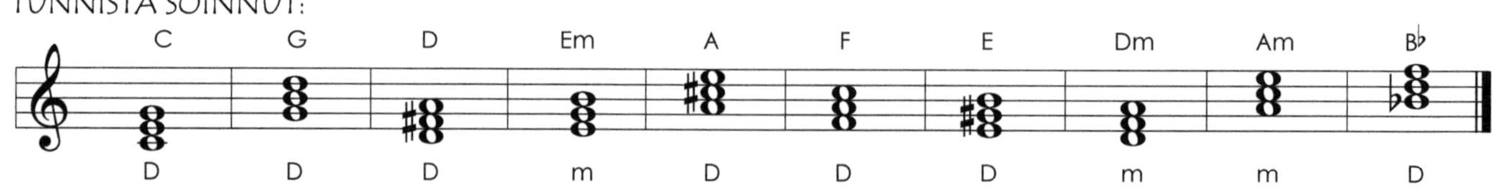

TUNNISTA SOINNUT:

Teoria 1b

Vastaussivu nro 6

PIENI OKTAAVIALA:

Nimeä

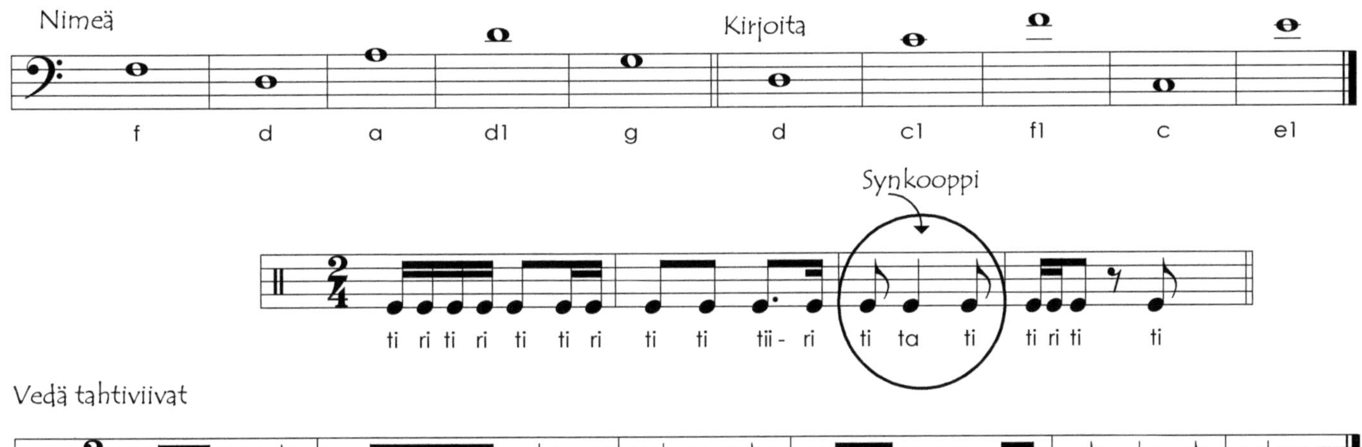

Vedä tahtiviivat

Tunnista intervallit

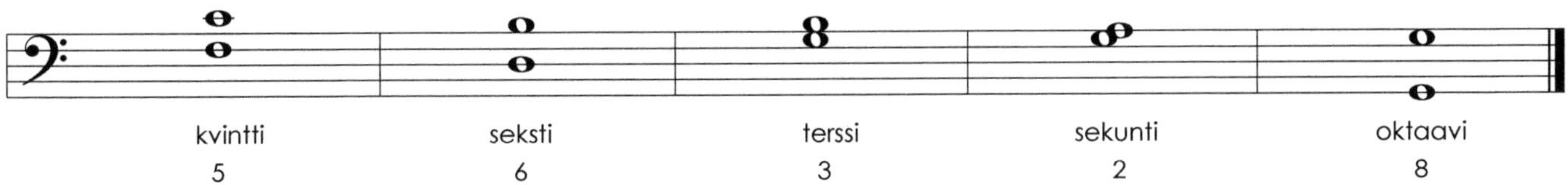

Kirjoita soinnut ylöspäin

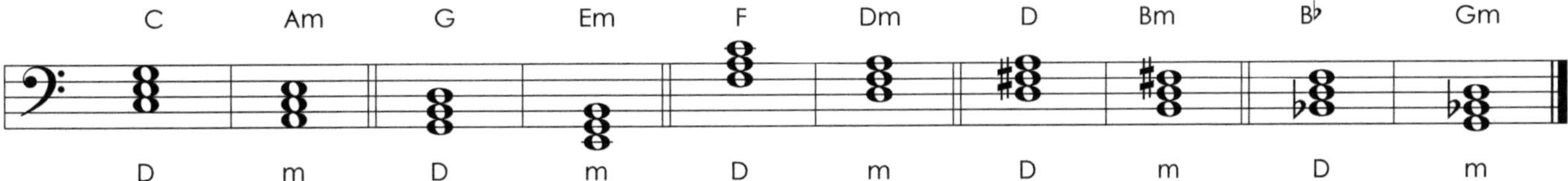

Musiikkisanat

1. alennusmerkki = alentaa nuotin puoli sävelaskelta
2. synkooppi = keskipitkä
3. grave = raskaasti
4. dolce = suloisesti
5. lento = hitaasti

Musiikkisanat

Vastaussivu 1b

1	adagio	hitaasti
2	aksentti	isku, korostus
3	alennusmerkki	alentaa nuotin puoli sävelaskelta
4	allegro	nopeasti
5	andante	käyden
6	crescendo	voimistuen
7	diminuendo	hiljentyen
8	dolce	suloisesti
9	dynamiikka	äänen voimakkuuden vaihtelu
10	F-avain	viittaa pieni f:een
11	fermaatti	pidäke
12	forte	voimakkaasti
13	G-avain	viittaa g1:een
14	grave	raskaasti
15	heksakordi	kuusisävelinen asteikko
16	intervalli	kahden sävelen välimatka
17	kolmisointu	pohjasävel + terssi + kvintti
18	largo	hitaasti
19	legato	sitoen
20	lento	hitaasti
21	maestoso	juhlallisesti
22	mezzoforte	puolikovaa
23	mezzopiano	puolihiljaa
24	moderato	kohtuullisesti
25	palautusmerkki	kumoaa ylennys tai alennusmerkin vaikutuksen
26	pentakordi	viisisävelinen asteikko
27	piano	hiljaa
28	presto	hyvin nopeasti
29	prima vista	ensi näkemältä
30	synkooppi	keskipitkä
31	tempo	esitysnopeus
32	vivace	eloisasti
33	ylennysmerkki	ylentää nuotin puoli sävelaskelta

Notaatio: Ylennysmerkki

Vastaussivu 1b

Notaatio: Alennusmerkki

Vastaussivu 1b

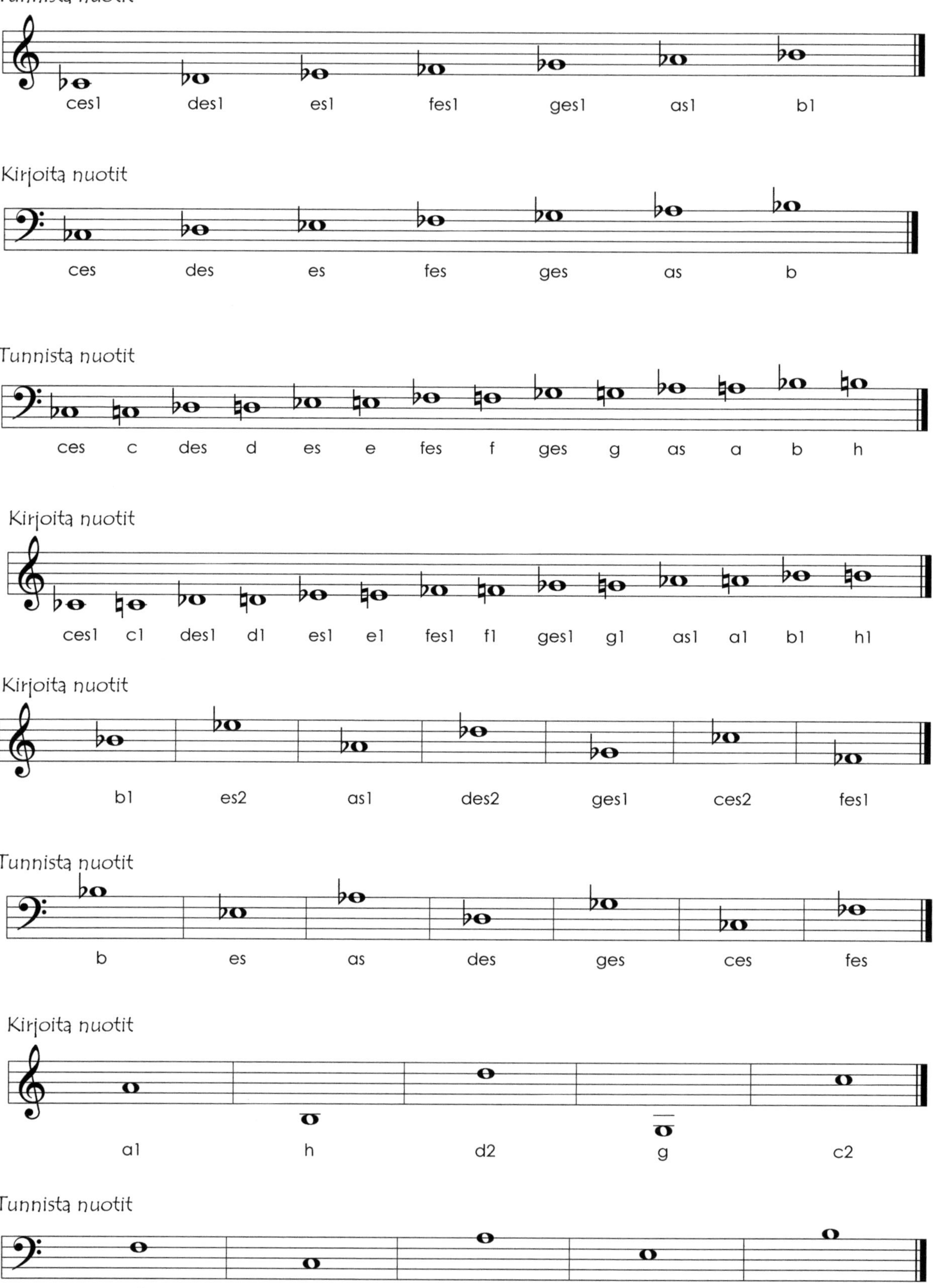

Intervallit

Vastaussivu 1b

INTERVALLI ON KAHDEN SÄVELEN VÄLIMATKA

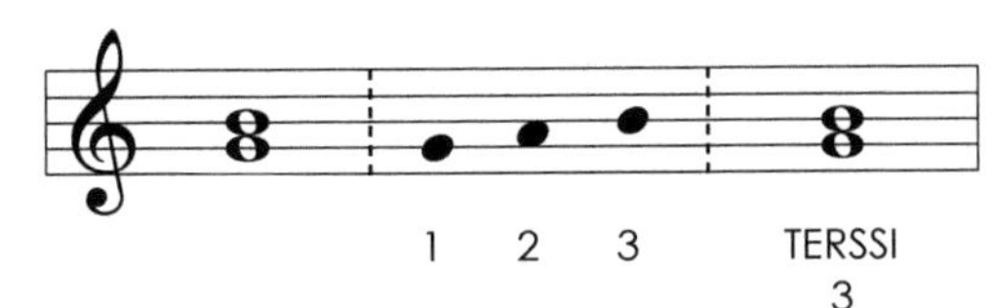

TUNNISTA

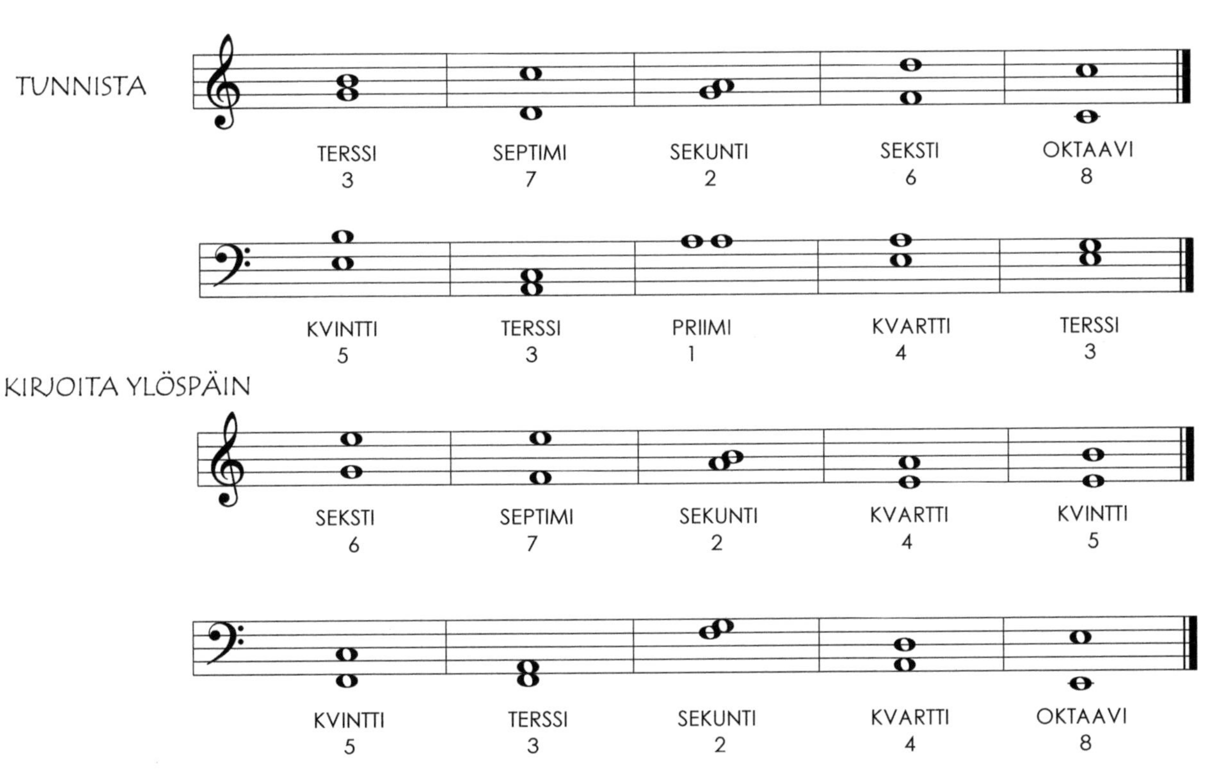

KIRJOITA YLÖSPÄIN

KIRJOITA ALASPÄIN

Kolmisoinnut

Vastaussivu 1b

KOLMISOINTU ON POHJASÄVELESTÄ, SEN TERSISTÄ JA KVINTISTÄ MUODOSTETTU SOINTU

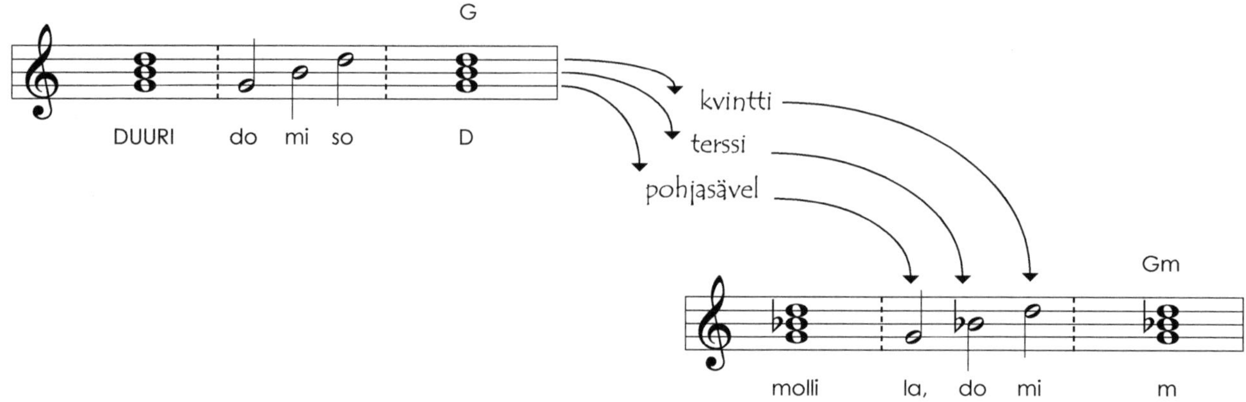

Kirjoita soinnut

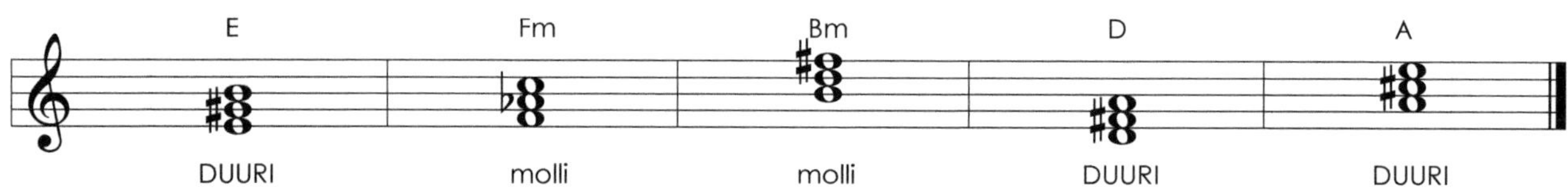

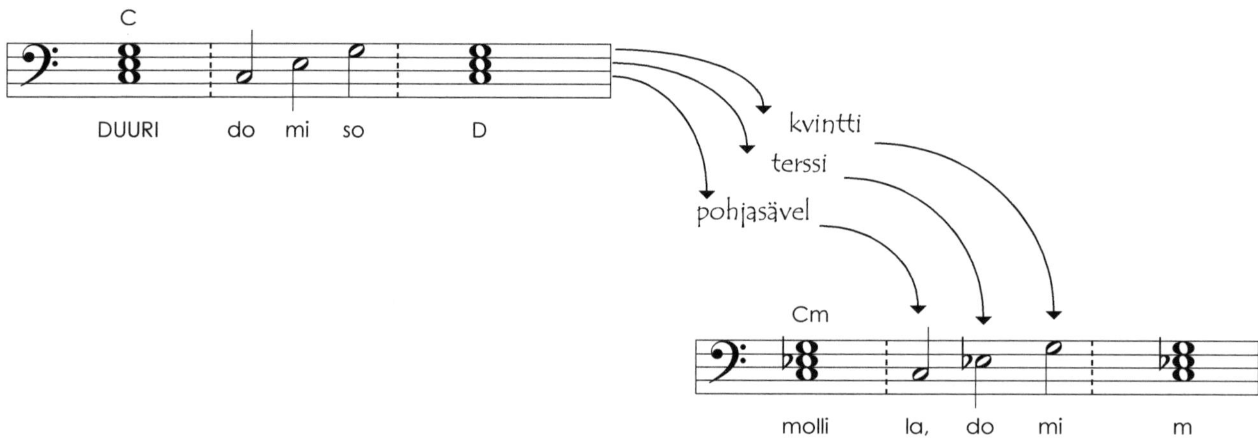

Tunnista soinnut

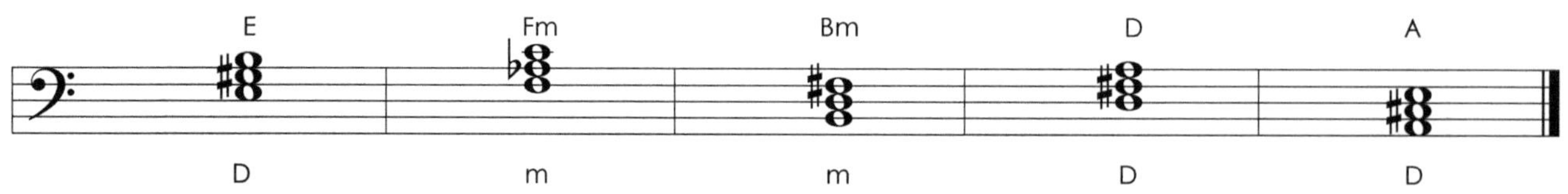

Asteikot

Vastaussivu 1b

Minkä duurin etumerkinnät

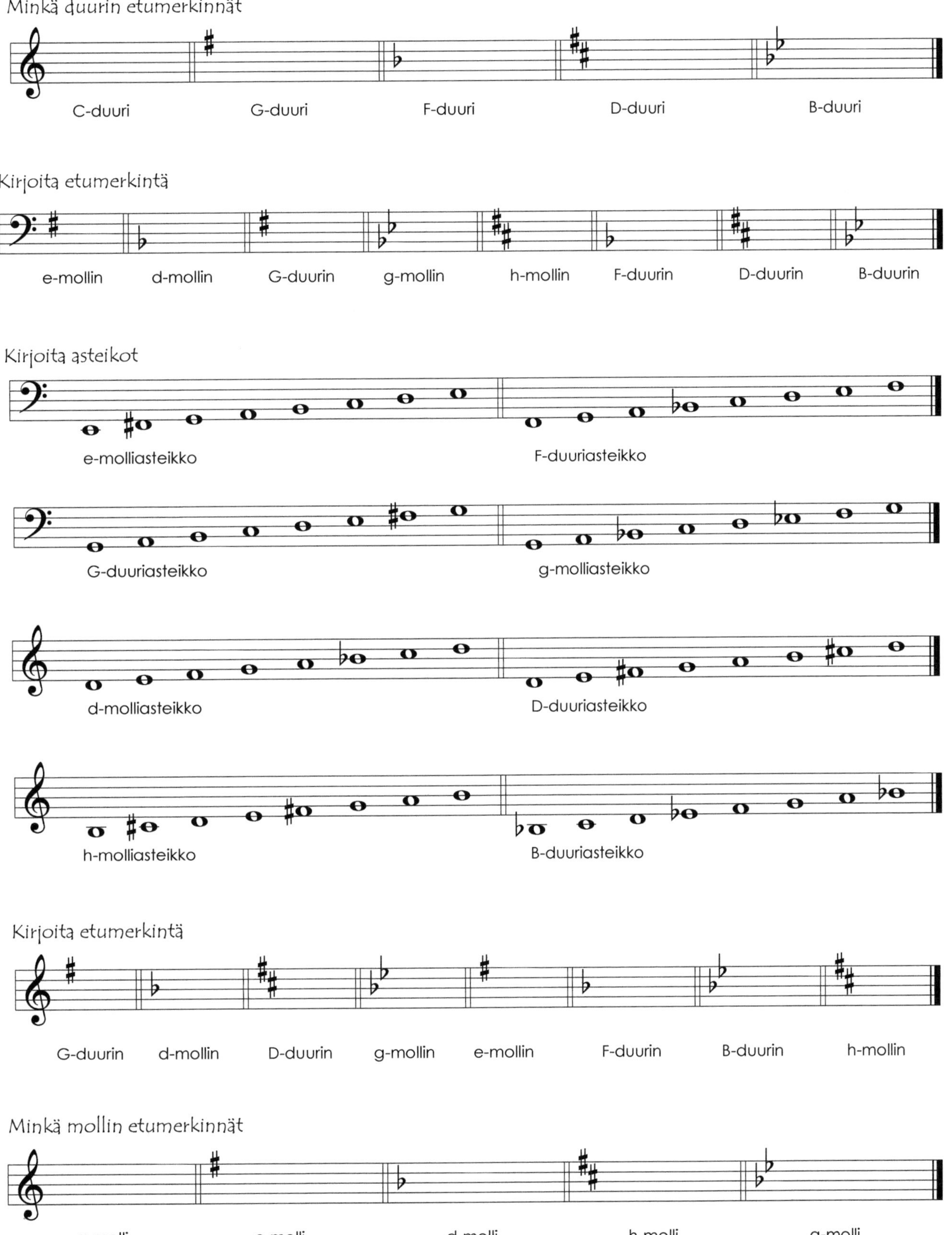

Harjoitus solfatentti

Vastaussivu pt 1b

RYTMI PRIMA VISTA

RYTMISANELU

MELODIA PRIMA VISTA

MELODIASANELU

SOINNUT

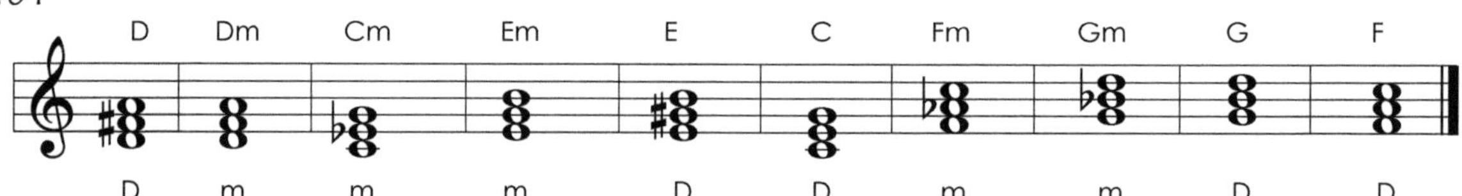

Harjoitus teoriatentti

Vastaussivu pt 1b

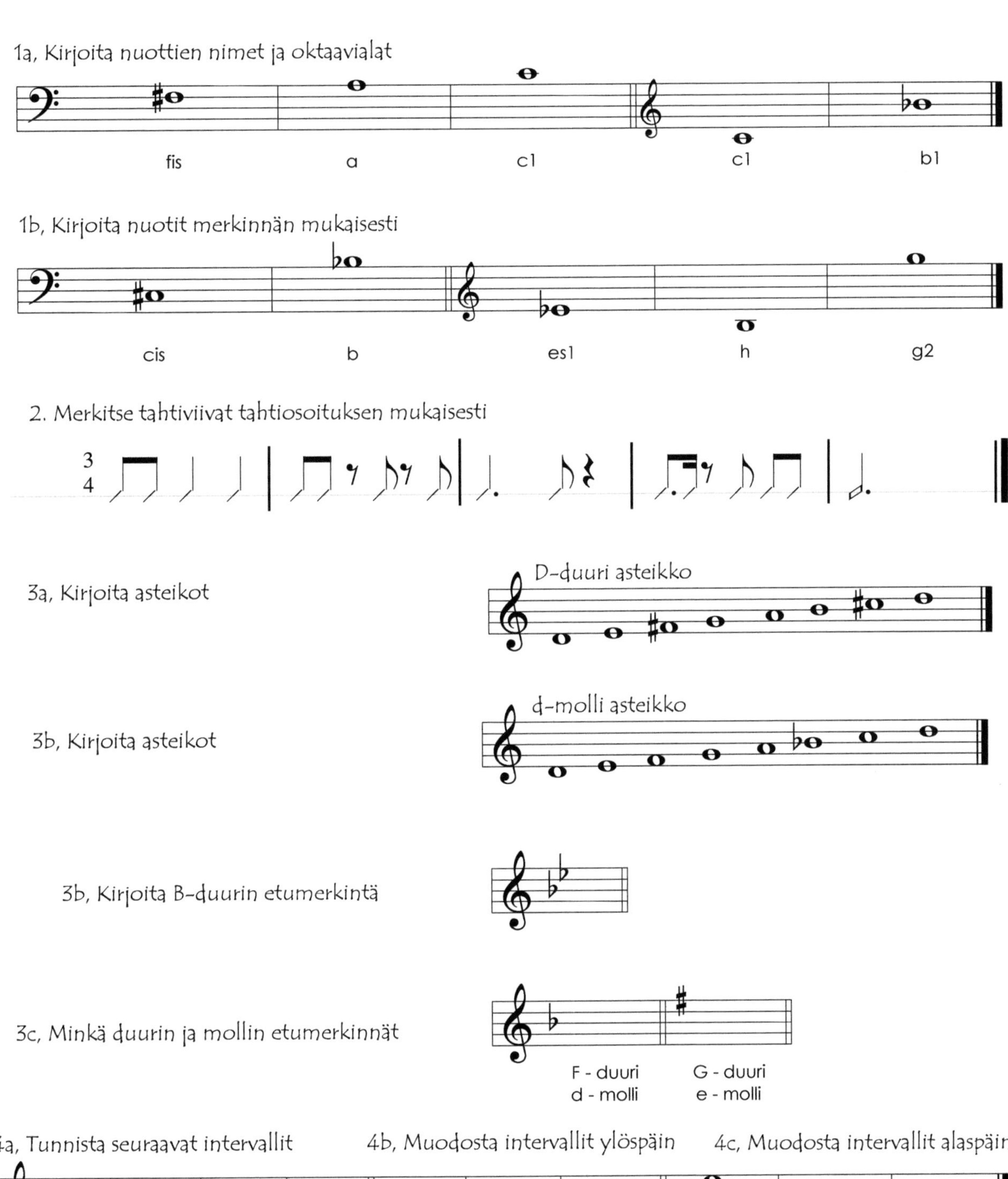

5. Selitä seuraavat musiikkisanat ja -merkinnät

prima vista = ensi näkemältä
moderato = kohtuullisesti
adagio = hitaasti
presto = hyvin nopeasti
andante = käyden

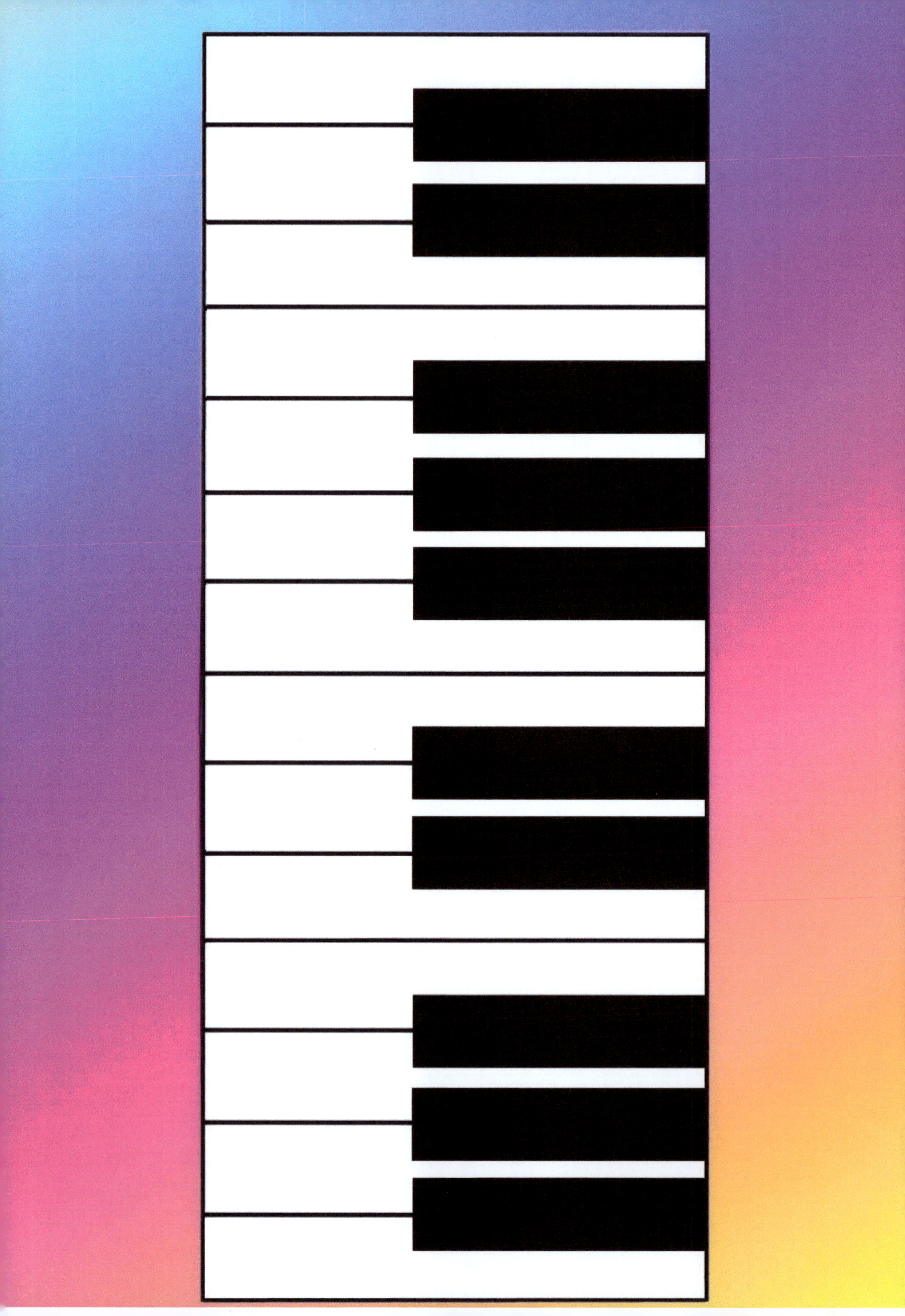